Bank- und finanzwirtschaftliche Abhandlungen
Herausgegeben von Prof. Dr. W. Prion, Köln

Viertes Heft

# Das Devisentermingeschäft

Von

Dr. Joachim Vogel

Springer-Verlag Berlin Heidelberg GmbH 1924

ISBN 978-3-662-40774-5 ISBN 978-3-662-41258-9 (eBook)
DOI 10.1007/978-3-662-41258-9

# Vorwort.

Die vorliegende Arbeit ist durch Besprechungen über Kurssicherungsfragen im Seminar von Prof. Dr. Prion an der Kölner Universität im Sommer 1921 und durch eine unveröffentlichte Schrift des Genannten: „Betriebswirtschaftliche Valutafragen" angeregt und Ende 1922 fertiggestellt worden. Bei der Veröffentlichung konnten einige Abschnitte fortfallen, insbesondere über die in einer anderen Arbeit der vorliegenden Reihe (Krawinkel, „Das Devisengeschäft im Bankbetrieb") bereits dargestellte Verbuchungstechnik sowie über die für weitere Kreise belanglosen Verhandlungen betr. Errichtung einer Liquidationskasse für den Devisenterminhandel.

Infolge des Verbotes des Devisenterminhandels durch die Reichsregierung hat die Arbeit scheinbar nur noch historischen Wert; indessen wird mit einer dauernden Stabilisierung der deutschen Währung und dem Fortfall der gesetzlichen Beschränkungen das Devisentermingeschäft eine erneute Ausdehnung erfahren.

Den in der Zeit zwischen Fertigstellung und Drucklegung der Arbeit eingetretenen Veränderungen des Devisengeschäfts und der allgemeinen Wirtschaftslage ist in Anmerkungen Rechnung zu tragen versucht.

Ich fühle mich verpflichtet, meinem verehrten Lehrer, Herrn Prof. Dr. Prion, auch an dieser Stelle für die mir gewordenen Anregungen und die weitgehendste Förderung der vorliegenden Arbeit meinen Dank auszusprechen.

Köln, Ostern 1924.

**Der Verfasser.**

# Inhaltsverzeichnis.

# Literaturverzeichnis.

**Buchwald, Bruno:** Die Technik des Bankbetriebes. 7. Aufl. Berlin: Julius Springer 1915.

**Goeppert, Heinr.:** Über das Börsentermingeschäft in Wertpapieren. Berlin: Julius Springer 1914.

**Klebba, Walter:** Börse und Effektenhandel im Kriege. Berlin 1920.

**Krawinkel, Max:** Das Devisengeschäft im Bankbetrieb. Berlin 1924.

**Mahlberg:** Über asiatische Wechselkurse. Bonn: Marcus & Weber 1914.

L. **Rothschilds** Taschenbuch für Kaufleute. 58. Aufl. Leipzig: G. A. Glöckner 1920.

**Salings** Börsenhandbuch. I. Teil, verschiedene Auflagen.

**Schmaltz, K.:** Das Valutarisiko im deutschen Wirtschaftsleben und seine Bekämpfung. Stuttgart: C. E. Poeschel 1921.

**Schmidt, F.:** Internationaler Zahlungsverkehr und Wechselkurse. 2. Aufl. Leipzig: G. A. Glöckner 1922.

**Schulze-Gaevernitz, Gerhart von:** Volkswirtschaftliche Studien aus Rußland. Leipzig: Duncker & Humblot 1899.

Zeitschriften:

Bank.

Bankarchiv.

Deutsche Industrie.

Plutus.

Zahlungsverkehr.

Zeitschrift für handelswissenschaftliche Forschung.

Zeitungen:

Berliner Börsen-Zeitung.

Frankfurter Zeitung.

Industrie- und Handels-Zeitung.

Kölnische Volkszeitung.

Kölnische Zeitung.

Manchester Guardian Commercial, Der Wiederaufbau in Europa, Nr. I vom 20. IV. 1922.

Verhandlungen des Reichstages.

Verhandlungen der National-Versammlung.

Verhandlungen des V. Allgemeinen Deutschen Bankiertages.

Veröffentlichungen des Verbandes sächsischer Industrieller. Heft XXXIII: Wiederaufnahme des Devisenterminhandels. Dresden 1920.

# Einleitung.

## Begriff und Geschichte des Devisentermingeschäftes. Das Devisentermingeschäft der Reichsbank.

Devisenterminhandel, Devisentermingeschäft sind Worte, die in den letzten Jahren oft in den Zeitungen auftauchten, die zeitweise eine lebhafte Diskussion entfesselten, Begriffe, die für das größere Publikum, selbst viele Kaufleute, etwas mit dem Schleier des Geheimnisvollen umwoben sind, die aus der hintersten schwarzen Küche des Bankwesens zu stammen scheinen, einen unangenehmen Geruch nach Börse, Spekulation, leicht und auf Kosten anderer, Dummer, verdientem Geld an sich haben. Was bedeutet dieses geheimnisvolle Wort Devisentermingeschäft (im folgenden DTG genannt)? Es bedeutet einen Kauf oder Verkauf von Devisen auf Termin, d. h. mit auf einen bestimmten späteren Tag hinausgeschobener Erfüllung, wobei Lieferung und Zahlung des Gegenwertes auf denselben Tag erfolgen, im Grunde also das gleiche wie das vor dem Kriege bestehende Effektentermingeschäft. Unter Devisen versteht man die privaten Zahlungsmittel und Geldsurrogate des internationalen Zahlungsverkehrs, die nicht auf Währung des eigenen Landes lauten, also Wechsel, Schecks und Auszahlung in ausländischer Währung. Hierbei haben vor dem Kriege im Handelsverkehr die Wechsel den Vorrang an Höhe des Umsatzes und Beliebtheit gehabt. Der Scheck und die telegraphische Auszahlung wurden seltener verwandt; sie dienten hauptsächlich als Ergänzung des Wechsels in solchen Fällen, wo dieser aus besonderen Gründen ungeeignet war, die telegraphische Auszahlung vor allem im Bank-zu-Bank-Verkehr, der sich ihrer in steigendem Maße bediente. Die briefliche Auszahlung kam fast überhaupt nicht vor, soweit es sich nicht auch damals schon um Termingeschäfte handelte. Als die im Kriege abgerissenen internationalen Handelsbeziehungen wieder angeknüpft wurden, war das für den Wechsel-, d. h. Kreditverkehr notwendige Vertrauen nicht mehr vorhanden; überall wurde Barzahlung gefordert, an die Stelle des Wechsels trat zunächst der Scheck und an dessen Stelle wiederum, weil bequemer, sehr bald die Auszahlung. So kommt es, daß sich heute der börsenmäßige Devisenhandel ausschließlich mit telegraphischen Auszahlungen beschäftigt, die, da sie usancemäßig erst zwei bis drei Tage nach Abschluß fällig sind und somit genügend Reisezeit für einen Brief gegeben ist, innerhalb Europas in der Regel brieflich erledigt werden. Im freien Verkehr kommen daneben auch noch Schecks vor; der Wechsel erscheint überhaupt nicht mehr im Markte. Der Begriff Devisen wird infolgedessen heute in der Praxis gleichgesetzt mit Auszahlung. Ganz besonders trifft dies für das DTG zu; in diesem Geschäftszweig handelt es sich ausschließlich um Auszahlungen.

Wenn oben das DTG mit dem Effektentermingeschäft verglichen wurde, so trifft das für das DTG, wie es seit dem Weltkrieg in Deutschland gehandhabt wird, nicht in allen Einzelheiten zu[1]). Zunächst fehlt dem Begriffe des DTG das Spekulative, das besonders dem Effektentermingeschäft anhaftet, weil sich die Spekulation dort des Termingeschäftes als einer besonders bequemen Form vorzugsweise zu bedienen pflegt. Das DTG ist, von vereinzelten Ausnahmen abgesehen, ganz aus den Bedürfnissen des Handelsverkehrs entstanden, und die Banken achten streng darauf, daß es nur diesen Bedürfnissen dient. Auf die Gründe wird später eingegangen werden. Hierin gleicht das DTG begrifflich viel mehr dem Warentermingeschäft, was sich auch in der Form kundgab, in der man den börsenmäßigen Devisenterminhandel auszugestalten plante. Ferner fehlt dem DTG in seiner heutigen Form die Beziehung zur Börse. Weder ist es an irgendeiner Börse offiziell eingeführt oder werden Kurse notiert, noch bestehen irgendwelche Gebräuche oder Usancen, außer denen, die für den Kassehandel ebenso gelten. Insbesondere gibt es keine Mindestbeträge (sog. Schlüsse) — wenn auch die Banken untereinander gewohnheitsmäßig meist in runden Summen handeln —, keine festgesetzten Liquidations- und Fälligkeitstage (Medio, Ultimo); beides erklärt sich aus dem Ursprung des DTG aus dem Handelsverkehr. Dieser hat meist nicht runde, sondern genau bestimmte Summen nötig und braucht sie nicht am Liquidationstage, sondern dann, wenn das Warengeschäft fällig ist. Das DTG ist also: ein Kaufgeschäft über eine Auszahlung in fremder Währung an einem ausländischen Platze mit hinausgeschobener Erfüllung.

Träger dieses Geschäftes, wie fast des ganzen internationalen Zahlungsverkehrs, sind die Banken, und zwar in erster Linie die großen Aktienbanken und Privatbankiers sowie die Reichsbank, daneben auch die mittleren Institute, während die kleinen fast ganz zurücktreten.

[1]) Das DTG ist durch Verordnung der Reichsregierung vom 3. Juli 1923 (RGBl. Teil II, S. 511) verboten worden und dadurch zur Zeit des Erscheinens dieser Arbeit stillgelegt. Nur Termingeschäfte, bei denen beide Parteien Devisen zu liefern haben (z. B. Frs. gegen £), sind gestattet (vgl. S. 55, Anm. 4).

Das Zeitgeschäft in ausländischen Zahlungsmitteln ist durchaus nicht etwas ganz Neues, wie es dem Laien und selbst vielen Fachleuten erscheint[1]). Bekannt ist der Terminhandel in russischen Rubelnoten in Berlin, der zeitweilig großen Umfang angenommen hatte. Dieser Handel fand ein jähes Ende durch die berüchtigte Oktoberliquidation des Jahres 1894, bei der der russische Finanzminister in Verbindung mit der Währungsreform durch ein Notenausfuhrverbot der gerade damals stark engagierten Berliner Baissepartei einen vernichtenden Schlag versetzte. Während an diesem Rubelterminhandel in großem Umfange die Spekulation beteiligt war, ist dies bei den übrigen Formen derartiger Geschäfte, die wir vor dem Kriege in Deutschland antreffen, weniger der Fall, zumal auch bei den geringen Kursschwankungen der Devisen der Goldwährungsländer wenig zu verdienen war. In Berlin wurden ausländische Wechsel auf Zeit gehandelt, vor allem lang Wien, lang London und Petersburg, ebenso auch Auszahlungen, und zwar auf London, Paris und Italien. Später gingen die Zeitgeschäfte in Wechseln auf Petersburg zurück, an ihre Stelle traten solche in Rubelauszahlungen. Veranlaßt waren diese Geschäfte — deren Umfang von dem bekannten Börsenhandbuch von Saling als beschränkt, von Buchwald dagegen als sehr erheblich bezeichnet wird, ebenso von Walb[2]) — vor allem durch die Effekten- und Devisenarbitrage[3]); sie hatten durch diese Arbitragegeschäfte doch immerhin die Bedeutung, daß sie bei der Abänderung des Reichsstempelgesetzes vom 8. Mai 1885, um sie nicht zu schädigen und zu hemmen, entgegen der Vorlage stempelfrei gelassen wurden[4]). Daneben wurden die Devisenzeitgeschäfte auch zu Kurssicherungszwecken für langfristige Warengeschäfte verwandt[5]).

Auch im Auslande wurden Devisenzeitgeschäfte getätigt. So wurden in London Terminkurse für Dollar notiert[6]); in Neuyork bestand ein erheblicher Umsatz in „futures", d. h. Terminschecks, als Kurssicherungsmittel bei Kreditbeschaffung mittels Finanztratten im Ausland (England), bei Diskontierung nicht rediskontierbarer Doku-

[1]) Daß es so unbekannt war, lag an den geringen Schwankungen der Wechselkurse, die zur Folge hatten, daß es in Kaufmannskreisen als kleinlich galt, sich um diese geringen Schwankungen zu kümmern. Vgl. Schneider: Devisenterminhandel, Deutsche Industrie 1920, Nr. 18, S. 344.

[2]) Saling I, 14. Aufl., 1913, S. 317. — Buchwald: a. a. O. S. 154. — Rothschilds Taschenbuch, S. 1092.

[3]) Buchwald: a. a. O. S. 261.

[4]) Vgl. die Reden der Abg. Dr. Grimm und Bamberger, stenographische Berichte des Reichstags 1884/85, Bd. 4, S. 2633, 2636.

[5]) Buchwald: a. a. O. S. 154. Rede des Abg. Bamberger a. a. O. S. 2636.

[6]) Keynes: Die Termingeschäfte in ausländischen Devisen, S. 13. — Ward, Ein Bild vom Londoner Devisenmarkt, S. 9. Beide Manchester Guardian, erste Wiederaufbaunummer.

mententratten und beim Auslandsreportgeschäft in kurzfristigen Effekten[1]). In Wien gehörten Zeitgeschäfte in ausländischen Wechseln und Auszahlungen (besonders deutschen) zu den regelmäßigen Börsengeschäften[2]). Ferner wurden in Ostasien von den Banken neben den „Ready"- (Kassa-) Kursen auch „Forward"- (Termin-) Kurse für Sterling genannt, die aber vielfach nicht offiziell bekannt gegeben wurden und meist nicht nach Europa gelangten[3]). Auch in Chile mit seinem stark schwankenden Wechselkurs bestand ein Terminhandel in Sterling-Wechseln zu Kurssicherungszwecken unter starker Beteiligung der Spekulation[4]).

Was Deutschland angeht, so wurden alle diese Fäden wie die des gesamten internationalen Zahlungsverkehrs im Jahre 1914 durch den Krieg zerrissen. Die nach dem Kriege einsetzenden Kursschwankungen der deutschen Valuta, die die kaufmännischen Kalkulationsgrundlagen zertrümmerten, riefen in Industrie- und Handelskreisen das Verlangen nach einer Sicherung hiergegen wach. Diesem Verlangen konnten zunächst die Banken nicht entsprechen, da sie das Risiko unmöglich selbst übernehmen konnten. Nun hatte aber die Reichsbank einen erheblichen Devisenbedarf für Abdeckung solcher Verbindlichkeiten, die sie während des Krieges im Auslande zum Teil für Rechnung des Reiches eingegangen war. Zu diesem Zwecke war durch Gesetz vom 16. Dezember 1919 der § 7 des Bankgesetzes vom 14. März 1875 („den Banken, welche Noten ausgeben, ist nicht gestattet: ... 2. Waren oder kurshabende Papiere für eigene oder fremde Rechnung auf Zeit zu kaufen oder auf Zeit zu verkaufen ..."), zum Teil außer Kraft gesetzt worden. Artikel VI des neuen Gesetzes lautete nämlich:

„Bis zum 31. 12. 1930 ist die Reichsbank befugt, zum Zweck der Erfüllung eigener Verbindlichkeiten in ausländischer Währung Devisen auf Zeit zu kaufen und zu diesem Zweck gekaufte Devisen auf Zeit wieder zu verkaufen. Derartige Geschäfte dürfen jedoch nur gemacht werden, wenn und solange der Zentralausschuß nicht in einer beschlußfähigen Versammlung mit Stimmenmehrheit sich gegen den Betrieb dieses Geschäftszweiges ausspricht."

Dieses Gesetz ermöglichte es der Reichsbank[5]), wenigstens den Exporteuren die Gelegenheit zu einer Sicherung gegen Kursschwankungen auf zwei Wegen zu bieten:

Erstens durch die sog. Kurssicherungstratten, die die Reichsbank schon vor der erwähnten Änderung des Bankgesetzes eingeführt hatte. Dem deutschen Fabrikanten, der einen Lieferungsvertrag mit dem Auslande

[1]) Hauser: Das Devisengeschäft in Neuyork. Bankarchiv Bd. 11, S. 309.
[2]) Saling: a. a. O. S. 378.
[3]) Mahlberg: Asiatische Wechselkurse, S. 25.
[4]) Dunker: Kurssicherung und Kursspekulation in südamerikanischen Valuten. Bankarchiv Bd. 11, S. 40.
[5]) Vgl. Verhandlungen der Deutschen Nationalversammlung Bd. 340, S. 1710.

abgeschlossen hatte, wurde gestattet, bei der Reichsbank eine über den Gegenwert der Lieferung lautende Tratte auf den Käufer zu diskontieren, die aber dem Bezogenen nicht zur Zahlung vorgelegt wurde, sondern im Portefeuille der Reichsbank verblieb. Der Aussteller mußte sich verpflichten, die Tratte durch die gegen die Lieferung eingehenden Devisen abzudecken. Der Bezogene bekam somit die Tratte überhaupt nicht zu Gesicht. (Im Anfang soll allerdings gegen letzteren Grundsatz vielfach verstoßen worden sein.)

Zweitens kaufte die Reichsbank Devisen auf Termin. Der Unterschied zwischen beiden Geschäften bestand darin, daß die Kurssicherungstratte nur auf höchstens 3 Monate lauten und einmal prolongiert werden konnte, während die Reichsbank im Devisentermingeschäft eine Laufzeit bis zu 12 Monaten gestattete. Den vereinbarten Gegenwert erhielt der Verkäufer bei der diskontierten Kurssicherungstratte sofort, beim Terminverkauf erst nach Lieferung der Devisen. Der wichtigste Unterschied aber war der, daß beim Terminverkauf die Devisen unbedingt an dem vereinbarten Zeitpunkte geliefert werden mußten, widrigenfalls Exekution erfolgte; eine Prolongation war unmöglich. Dagegen war die Reichsbank bei den Kurssicherungstratten zu einer einmaligen Prolongation bis zu 3 Monaten bereit; wurden sie auch dann noch nicht abgedeckt, so gab die Bank sie zum Tageskurse, falls dieser höher war als der Ankaufskurs, sonst zum Ankaufskurse, zurück; in besonderen, genau umschriebenen Fällen, wenn 1. wegen Aufruhrs, 2. wegen inzwischen erlassener deutscher Ausfuhrverbote, 3. wegen Blockade, 4. wegen Besetzung durch feindliche Truppen, 5. wegen Streiks die Warenlieferung unmöglich geworden war, stets zum Ankaufskurse[1]).

Mit diesem Geschäft hat die Reichsbank, wie anfänglich mit ihrem Devisengeschäft überhaupt, sehr schlechte Erfahrungen gemacht: Die Devisen und Kurssicherungstratten wurden der Reichsbank, die bestimmungsgemäß alles aufnahm, was ihr an solidem Material angeboten wurde, stets dann verkauft, wenn der Kurs hoch stand, ein Sinken also zu erwarten war. Bei niedrigen Devisenkursen dachte niemand ans Verkaufen; die Reichsbank erlitt große Verluste, deren ziffernmäßige Höhe sich allerdings nicht feststellen läßt, da der Verlustposten von 4 Milliarden Mark aus dem Devisengeschäft im Geschäftsbericht der Reichsbank für 1920 zum größten Teil wohl auf die Abdeckung der Valutakredite im Ausland zurückzuführen ist. Dazu kam noch, daß die Reichsbank das Devisengeschäft, wie bereits erwähnt, hauptsächlich zu dem Zwecke übernommen hatte, um sich und dem Reiche

[1]) Genaueres über die Technik der Kurssicherungstratten, auf die hier nicht näher einzugehen ist, findet sich in dem Aufsatz von Hübner in der Zeitschr. f. handelswiss. Forschung Bd. 15, S. 58ff.

die benötigten Devisen zu verschaffen und um regulierend auf die Devisenkurse einwirken zu können. Dem gleichen Zwecke sollten auch die Kurssicherungstratten dienen. Nun kam es aber häufig vor, daß die Kurssicherungstratten aus irgendwelchen Gründen vom Einreicher zurückgezogen wurden, so daß die Reichsbank schließlich gar nicht mehr wußte, wieviel von ihren Devisenbeständen eigentlich für ihre Zwecke verwendbar war.

Kurzum: die Reichsbank entschloß sich, das Kurssicherungsgeschäft abzubauen, indem sie den Kursabschlag, die Risikoprämie, von 1% pro Monat, die sie zunächst nur bei den Termindevisen berechnet hatte, im August 1920 auch für die Kurssicherungstratten einführte[1]) und sie dann später auf 1% pro $^1/_2$ Monat und im November 1920 auf 3% pro $^1/_2$ Monat erhöhte. Damit schieden die Kurssicherungstratten praktisch aus dem Verkehr aus. Die Abrechnung einer Kurssicherungstratte gestaltete sich wie folgt:

Es handelt sich um eine Tratte über 10 000 fl. zum 4. April 1921, die am 4. Januar 1921 der Reichsbank übergeben wird. fl. standen an diesem Tage 2364,90/2360,10.

| | | | |
|---|---|---|---|
| | fl. 10 000 zu 2360,10 . . . . . . . . . . . . . . . | | = M. 236 010, |
| abzl. | 6 × 3% = 18% Kursabschlag . . . . . . . . . . | | = M. 42 481,80 |
| | | | M. 193 528,20 |
| abzl. | $4^1/_2$% holländ. Diskont 3 Mon. . . . . | M. 2177,20 | |
| | $1^0/_{00}$ Provision . . . . . . . . . . . . | M. 193,50 | M. 2 370,70 |
| | | | M. 191 157,50 |

Ehe der Kaufmann eine Risikoprämie von M. 42 400 zahlt, wird er das Risiko lieber selbst tragen, da dieses ja bei dieser Berechnung überhaupt erst dann für ihn beginnt, wenn der Guldenkurs um 424, also auf 1936, gefallen ist, ganz abgesehen davon, daß er damit rechnen muß, daß die Zahlung nicht ganz pünktlich eingeht, er dann auf 14 Tage prolongieren und weitere 3% Risikoprämie und $1^0/_{00}$ Provision zahlen muß. Die Risikoprämie beim Ankauf von Termindevisen blieb hingegen bis zur Laufzeit von 6 Monaten auf 1% pro Monat; bei einer Laufzeit von 7—9 Monaten wurde sie Anfang Februar 1921 auf $1^1/_2$%, von 10—12 Monaten auf 2% pro Monat erhöht. Provision wurde nicht berechnet, ebenso nicht ein Diskont, da die Zahlung des Gegenwertes hier gleichzeitig mit der Devisenlieferung erfolgte, bei den Kurssicherungstratten aber schon vorher, nämlich am Tage der Einreichung der Tratte. Es wurde nur die Erschwerung eingeführt, daß jeder einzelne Ankauf vom Reichsbankdirektorium in Berlin genehmigt werden mußte.

Mit dieser Einrichtung der Reichsbank war zunächst nur dem Exporteur geholfen (inwieweit, davon wird später noch zu sprechen

[1]) Vgl. Frankfurter Zeitung Nr. 619 vom 22. August 1920.

sein), nicht aber dem Importeur. Außerdem wurden durch den Wegfall der Kurssicherungstratten sehr vielen Exporteuren die Kurssicherungsmöglichkeiten wieder entzogen; denn nur wenige konnten den strengen Bestimmungen über den Termindevisenankauf der Reichsbank — überhaupt oder ohne übermäßiges Risiko — genügen. Nachdem schon im ersten Halbjahr 1920 einzelne private Bankinstitute, und zwar zuerst in beachtenswertem Maße die Berliner Handelsgesellschaft und das Bankhaus Hardy & Co.[1]), ähnliche Geschäfte wie die Reichsbank übernommen und im Sommer 1920[2]) die deutschen Banken allgemein begonnen hatten, DTG mit ihren Kunden abzuschließen, wuchs nunmehr die Zahl dieser Geschäfte bei den privaten Bankinstituten. Es bildete sich ein zunächst begrenzter, dann immer leistungsfähigerer Markt in Termindevisen. Während die Banken ursprünglich gleich der Reichsbank ihren Kunden $1-1^1/_2\%$ pro Monat als Risikoprämie berechnet hatten, konnte letztere im Juli 1921 auf etwa $^1/_2\%$ heruntergesetzt werden, bis schließlich Ende 1921 aus dieser Risikoprämie ein regelrechter, den Markteinflüssen und Preisgesetzen unterworfener Reportsatz wurde. Auch hierauf wird später noch zurückzukommen sein.

Die Ausbildung eines bankmäßigen Terminmarktes in Devisen ermöglichte es der Reichsbank, ihre Bedingungen für das Devisengeschäft zu mildern. Wir finden in dem Merkblatt der Reichsbank vom November 1921 die Kursabschläge herabgesetzt, allerdings unter Vorbehalt einer zeitweisen Erhöhung, auf $^1/_2\%$ pro Monat für die ersten 6 Monate der Lieferzeit[3]), $^3/_4\%$ für jeden der folgenden 3, und 1% für jeden weiteren Monat. Ferner ermöglicht die Reichsbank nunmehr dem Verkäufer, der nachweist, daß er ohne sein Verschulden nicht liefern kann, dadurch eine Prolongation, daß sie ihm am Verfalltage den geschuldeten Devisenbetrag per Kasse zum Briefkurse des Tages + $1^0/_{00}$ Provision überläßt und von ihm zum Geldkurs desselben Tages zu einem späteren Termin aufs neue kauft; jedoch mit Erhöhung der Abschläge um $^1/_4\%$[4]) und unter Anrechnung der ursprünglichen Lieferungsfrist, so daß für die Prolongation die höheren Sätze der längeren Fristen in Anrechnung kommen. In gewissen Fällen ist seitdem auch eine vollständige Be-

[1]) Vgl. Schmaltz: Valutarisiko, S. 80.

[2]) Vgl. die Rede Beit von Speyers, Verhandlungen des V. Allg. deutschen Bankiertages, S. 270. — Dr. R. Schneider, der Geschäftsführer des Reichsverbandes der deutschen Industrie, schreibt schon im August 1920 in der Zeitschrift „Deutsche Industrie", S. 345: „Es besteht in Berlin und anderwärts zwar noch kein eigentlicher Devisenterminmarkt, aber die Umsätze, die sich durch Terminabgabe von Devisen durch die Banken an ihre Privatkundschaft vollziehen, sollen größer sein als in dem offiziellen Devisenterminverkehr in Antwerpen."

[3]) In dem neuen Merkblatt vom August 1922 statt dessen: $^1/_4\%$ für die ersten 3, $^1/_2\%$ für die nächsten 3, längere Fristen wie oben.

[4]) Diese Erhöhung ist nach dem neuen Merkblatt weggefallen.

freiung von der Lieferung möglich, aber nur, wenn das dem Devisengeschäft zugrunde liegende Warengeschäft aus den bei den Kurssicherungstratten erwähnten Gründen, Streik ausgenommen, nicht zur Durchführung gelangen kann, vorausgesetzt, daß ein entsprechender Antrag rechtzeitig gestellt wird. Sonst bleibt es bei der Exekution. Während bisher die Aufträge der Reichsbank nur fest an Hand gegeben werden konnten und die Reichsbank die Devisen stets auf Grundlage des Geldkurses des Antragstages bzw., wenn zu spät eingereicht, des folgenden Tages übernahm, ist nunmehr, laut Merkblatt vom August 1922, auch eine Limitierung der Aufträge möglich (das gilt nicht nur für Termindevisen, sondern auch für den Ankauf von Wechseln und Schecks), und zwar für einen bestimmten Tag oder auf Widerruf.

Im vorstehenden sind die Einzelheiten des DTG der Reichsbank etwas mehr hervorgehoben worden, weil es sich in manchen Stücken wesentlich von dem privaten DTG unterscheidet. Das liegt an der Sonderstellung der Reichsbank im Devisenmarkt. Der gesamte Devisenhandel — das gilt in besonderem Maße vom Terminhandel — liegt in den Händen der Banken. Die privaten Bankinstitute sind die Vermittler zwischen (wenn die Ausdrücke gestattet sind) den Devisenproduzenten und den Devisenkonsumenten. Die Reichsbank aber ist, größtenteils als Beauftragter des Reiches, Großverbraucher, sogar der größte, den wir zur Zeit in Deutschland überhaupt haben. Dieser Großverbraucher hat gegenüber den anderen noch in doppelter Hinsicht eine besondere Eigenart. Er ist mit Zwangsmitteln ausgestattet, die ihm seinen Bedarf zuführen (der Devisenablieferungszwang durch die Außenhandelsstellen), und sein Verbrauch besteht in der Vernichtung der aufgekauften Devisen, soweit ihre Nutzkraft für die Reichsbank selbst bzw. das Reich und die deutsche Volkswirtschaft in Frage kommt, während der Verbrauch der anderen darin besteht, die Devisen in Waren umzuwandeln. Die Folge dieser Eigenart ist, daß die Reichsbank bei ihrer Geschäftspolitik nur nach einer Seite, der Einkaufseite, zu schauen braucht, während alle anderen Teilnehmer am Devisenhandel stets beide Seiten, die Einkauf- und die Verkaufseite zu berücksichtigen haben, sei es, daß es sich wie bei den Banken auf beiden Seiten um die Devisen selbst, sei es, daß es sich auf einer Seite statt der Devisen um gegen diese eingetauschte Waren handelt. Um dieser Sonderstellung willen wird das Geschäft der Reichsbank beiseite gelassen und hier nur das private DTG behandelt. Wo freilich die Reichsbank in den privaten Devisenterminhandel eingreift, gilt das im folgenden Gesagte auch für sie, insbesondere ist bei der Kursgestaltung der Einfluß ihrer Geschäftspolitik immer wieder zu spüren.

# Das private Devisentermingeschäft.

## A. Die Technik des Devisentermingeschäftes.

### I. Der Abschluß des Geschäftes.

#### a) Das Devisengeschäft im allgemeinen.

**1. Das Kursrisiko der Bank.** Der gesamte Bankbetrieb baut sich — im Gegensatz zu allen anderen Handelsbetrieben — auf dem Gelde auf, und zwar auf dem durch die Währungsgesetzgebung eines bestimmten Landes, in der Regel des Heimatlandes des betreffenden Betriebes, geschaffenen oder geregelten Geld. Die Beschaffung und Zurverfügungstellung von Geld, sei es in natura, sei es in Gestalt von Geldkapital (Forderungen), ist der Gegenstand dieses Betriebes. In Geld drückt er auch das Ergebnis seiner Arbeit, den Gewinn oder Verlust, aus. Eine Wertveränderung dieses Geldes berührt ihn zunächst direkt nicht. Nur dadurch, daß sich die Wirkungen dieser Wertveränderungen bei denjenigen fühlbar machen, die mit ihm in Beziehungen stehen — handle es sich nun um die, denen er seine Dienste anbietet, die Kunden, oder um die, deren Dienste er in Anspruch nimmt, seine Angestellten, die Lieferanten seines Bureaubedarfs —, und dadurch, daß das eigene Kapital, falls es nicht der Geldwertänderung angepaßt wird, in seiner Funktion, nach außen hin als Garantie für die Sicherheit der Einlagen zu dienen, gestärkt oder geschwächt wird, wirkt diese Wertveränderung mittelbar auch auf ihn zurück[1]). Ganz anders ist es in der Industrie oder im Warenhandel. Hier ist Gegenstand des Betriebes die Be-

[1]) Der Währungsverfall hat die auch schon früher theoretisch wie betriebspolitisch beachtete Verschiedenheit der beiden Teile des Bankkapitals noch besonders vertieft. Früher äußerte sich diese Verschiedenheit in der unterschiedlichen Liquidität der mit den fremden Geldern und dem eigenen Kapital unternommenen Aktivgeschäfte, wobei noch oft Teile der fremden Gelder ebenso behandelt wurden, wie das eigene Kapital, die Grenze zwischen beiden also flüssig blieb. Heute dagegen ist die Grenze scharf gezogen: die fremden Gelder, die Träger der eigentlichen volkswirtschaftlichen Funktion des Bankbetriebes, der Kreditvermittlung, unterliegen der Geldentwertung insofern nicht, als die Bank zwar von ihren Schuldnern entwertetes Geld zurückerhält, aber ebenso ihren Gläubigern entwertetes Geld zurückzahlt. Mit der wachsenden Inflation mußten die Depositen zahlenmäßig ebenfalls wachsen, so daß sich die fremden Gelder auf derselben Höhe hielten. Daß letzteres infolge der Verarmung der deutschen Volkswirtschaft an

schaffung oder Zurverfügungstellung von Waren, während das Ergebnis der Arbeit, Gewinn oder Verlust, wie beim Bankbetrieb in Geld ausgedrückt wird. Tritt eine Veränderung des Geldwertes ein, so bedeutet das eine Zerreißung des organischen Zusammenhanges zwischen Arbeit und Arbeitserfolg, es werden Gewinne oder Verluste ausgewiesen, die nicht Ergebnis der Arbeit des Betriebes sind. Aufgabe einer einwandfreien Erfolgsrechnung wird es sein, den zerrissenen Zusammenhang wiederherzustellen, indem Arbeit und Arbeitserfolg entweder auf den Geldwert eines bestimmten Zeitpunktes oder auf die Ware oder einen anderen, im Verhältnis zur Allgemeinheit der Waren möglichst stabilen Wertmesser zurückgeführt werden.

Aber auch der Bankbetrieb beschäftigt sich mit gewissen Dingen, die nicht Geld sind, sondern einen in Geld ausgedrückten, mehr oder minder schwankenden Preis haben, und die daher vom betriebswirtschaftlichen Standpunkt aus als Ware zu bezeichnen sind. Hierher gehören vor allem die Wertpapiere. Ihre Preisschwankungen rufen — sofern die Papiere Eigentum der Bank sind — Veränderungen des Erfolges hervor, die nicht Ergebnis des eigentlichen (regulären) Bankgeschäftes sind. Diese Preisschwankungen sind in ihrem Ausmaß wie in ihrer Wirkung auf den Betrieb nicht oder nur wenig durch die Arbeit des Betriebes zu beeinflussen und tragen dadurch eine Unsicherheit in den Betrieb hinein, die die Banken dadurch auszuschalten suchen, daß sie den Bestand an eigenen Wertpapieren in einem bestimmten Verhältnis zum Betriebskapital halten.

Die Preisschwankungen der Devisen der Goldwährungsländer waren vor dem Kriege derart gering und die aus ihm entstehenden Gewinne oder Verluste glichen sich noch dazu in solchem Maße aus, daß sie in der Betriebspolitik vernachlässigt werden konnten. Zwar wurden auch

Geldkapital nicht der Fall war, hat bei dieser betriebswirtschaftlichen Problemstellung nichts zu besagen, denn die Höhe der Depositen des gesamten Bankgewerbes einer Volkswirtschaft hängt zum wesentlichen Teile nicht von der Betriebspolitik der Banken, sondern von der Struktur und der Lage der Volkswirtschaft ab. (Indessen bleibt die Frage offen, ob die deutschen Banken nicht durch Annahme von wertbeständigen Depositen und entgegenstehender Hingabe von wertbeständigen Krediten den Verlust der Volkswirtschaft an Geldkapital hätten aufhalten können.) Andererseits mußte die Bank ihr Eigenkapital auf seiner Höhe zu erhalten suchen. Mit anderen Worten, die fremden Gelder sind Papiermark und müssen in Papiermark angelegt werden, das eigene Kapital aber ist Goldmarkkapital und muß als solches verwandt werden. Hierdurch tritt eine eigenartige Verschiebung des Deckungsverhältnisses zwischen Aktiven und Passiven ein. Dem eigenen (Goldmark-) Kapital, das zu Aktivgeschäften minderer Liquidität Verwendung finden kann, stehen bezüglich der Wertbeständigkeit zum Teil Devisen als Deckung gegenüber, d. h. flüssige Mittel ersten Ranges, die aber bezüglich der Liquidität anstatt minder liquider Papiermarkgeschäfte als Deckung für die täglich fälligen (Papiermark-) Depositen dienen müssen.

schon damals die Kursschwankungen und -differenzen zu Arbitrage- und Anlagezwecken mit größeren Summen ausgenutzt; in der regelmäßigen Geschäftspolitik aber war das ausländische Geld dem inländischen so gut wie gleichgestellt. Als aber die verschiedenen Währungen nicht mehr durch die gemeinsame Bezugnahme auf die Einheitsware Gold aneinandergekettet waren und das Verhältnis der Währungen untereinander durch die wechselnden wirtschaftlichen Verhältnisse beherrscht und durch spekulative Machenschaften beeinflußt wurde, als in den verschiedenen Ländern die Inflation mehr oder minder den Währungsverfall herbeiführte, da wurden die Preisschwankungen der Devisen weit größer und gefährlicher, als es vor dem Kriege die der gefährlichsten Effekten je gewesen waren. Die Folge ist, daß Devisen im Bankbetrieb grundsätzlich nicht mehr als Geld, sondern als Ware, und zwar eine in ihrer Preisbemessung sehr schwankende Ware, angesehen und demgemäß behandelt werden müssen.

2. **Die Ausschaltung des Kursrisikos.** Der Gedanke liegt nahe, sie betriebspolitisch und betriebstechnisch genau so zu behandeln wie die spekulativen Effekten, d. h. grundsätzlich nur Kommissionsgeschäfte abzuschließen. Die im Vergleich zu den Effektenumsätzen überaus große Zahl der auf die einzelne Devise entfallenden Umsätze, die es unmöglich machte, für jedes einzelne Geschäft das Gegengeschäft abzuschließen, stellte neue Probleme insofern nicht, als es ja schon bei den von der Spekulation bevorzugten Papieren längst üblich gewesen war, An- und Verkäufe zu kompensieren und nur den Saldo zur Börse zu geben. Betriebspolitik und innerbetriebliche Technik bedingten also zunächst keinen Unterschied in der Behandlung des Effekten- und des Devisengeschäftes.

Wohl aber trat in der zwischenbetrieblichen Technik ein Faktor auf, der eine andersgeartete Behandlung verlangte: das war die Ausdehnung des Marktes, die nach Raum, Zeit und Umsatzmenge alle bisher bekannten Märkte weit übertrifft. Während die Wertpapiere in der Regel nur einen auf einen bestimmten Börsenplatz oder mit wenigen Ausnahmen auf ein bestimmtes Land beschränkten Markt besitzen, werden die Devisen überall gehandelt. Fast zu jeder Stunde des Tages findet irgendwo auf der Welt Börse statt, auf der dann der Preis für Markdevisen in der Währung des betreffenden Landes festgesetzt wird. Nach unserer Zeit ist Börse von $10^3/_4$—$12^3/_4$ Uhr in Wien, 11—$2^1/_2$ Uhr in Berlin, $11^1/_2$—$12^1/_2$ Uhr in Zürich, 12—2 Uhr in Frankfurt a. M., 12—3 Uhr in Hamburg, 12—4 Uhr in London, $12^3/_4$ bis $3^3/_4$ Uhr in Paris (Nachbörse bis $4^3/_4$ Uhr), 1—4 Uhr in Brüssel, 2—4 Uhr in Antwerpen, $2^1/_4$—$3^1/_2$ Uhr in Amsterdam, $3^1/_4$ bis $4^1/_2$ Uhr in Köln, 4—9 Uhr in Neuyork und 5—$5^3/_4$ Uhr in Frankfurt a. Main.

Wichtiger noch als diese ständige Dauer des Börsenverkehrs ist für die Ausdehnung des Marktes der Umstand, daß sich der Devisenhandel in der Hauptsache nicht mehr der Börse, sondern des Telephons bedient[1]). Heute zieht sich der Markt in Gestalt eines dichten Telephonnetzes über das ganze Land; das ganze Land ist gewissermaßen eine einzige Börse, und die wirkliche Börse ist nur ein kleiner Zeitausschnitt aus dem gesamten Verkehr, der freilich eine gewisse Besonderheit noch aufweist. Aber nicht nur das eigene Land bildet den Markt, sondern die Fäden reichen weit darüber hinaus. „London kann jederzeit mit Paris und Brüssel telephonisch in Geschäftsverkehr treten, Paris mit Zürich und Spanien, Zürich mit Wien, und Brüssel mit Amsterdam, Köln und Berlin, so daß die gleiche Erhöhung der Kurse am ganzen Kontinent nur das Werk einiger Minuten zu sein braucht. Durch London wurden hauptsächlich die Kabelgeschäfte so beschleunigt, daß ein Telegramm gesandt werden kann und man innerhalb 8 Minuten die Antwort aus Neuyork bekommt, ein Vorteil, der London zum Clearinghaus der amerikanischen Kursgeschäfte mit dem Kontinent macht[2])."

Die durch diese Einflüsse bewirkte ungeheure Beschleunigung des Geschäftsganges hat zur Folge, daß die Preisbemessung der Devisen sich nicht von Tag zu Tag, sondern von Stunde zu Stunde, ja von Minute zu Minute ändert. Diese rasch wechselnden Preise wiederum verwehren es demjenigen, der ein Devisengeschäft abschließen will, den Abschluß des Geschäftes bis zur Börsenzeit hinauszuschieben, falls er nicht auf eine für ihn günstigere Kursgestaltung spekuliert. Auch ist die Menge der Devisengeschäfte in der Regel so groß, daß es der Bank unmöglich ist, die Abschlüsse auf die kurzen Börsenstunden zusammenzudrängen. Dies bedingt, daß das Geschäft von seiten der Bank ein Kommissionsgeschäft nicht sein kann, sondern Eigengeschäft sein muß. Denn der Devisenhändler der Bank kann unmöglich sich für jedes Geschäft per Telephon einen Gegenkontrahenten suchen. Auch würde es ihm schwer fallen, für den gerade benötigten Betrag, z. B. £ 538,11/6, überhaupt einen Gegenkontrahenten zu finden, und so ist in der Tat heute das Devisengeschäft für die Bank fast stets ein Eigengeschäft.

Dazu kommt noch, daß die Zweckbestimmung des Devisengeschäftes eine andere ist als die des Effektengeschäftes. Das Effektengeschäft dient zu Anlage- oder Spekulationszwecken, es ist für den Kunden Selbstzweck; aus ihm direkt (Zins, Dividende) oder in Verbindung mit

[1]) Die Devisenverordnungen des Jahres 1923 haben durch die Beschränkung aller Geschäfte auf den Berliner Einheitskurs den Telephonhandel im unbesetzten und zeitweise auch im besetzten Deutschland lahmgelegt. Damit entfallen für den räumlichen und zeitlichen Geltungsbereich dieser Verordnungen alle im folgenden gezogenen Folgerungen. Das Devisengeschäft ist wieder Kommissionsgeschäft.

[2]) Ward, Dudley: Ein Bild vom Londoner Devisenmarkt. M. G., Wiederaufbaunummer S. 10.

einem zweiten Effektengeschäft (Kauf — Verkauf) zieht er den Gewinn, den er sucht. Der Kunde, der Effekten kaufen will, will entweder das betreffende Papier unbedingt haben, es kommt ihm auf einen etwas höheren oder geringeren Preis nicht so sehr an, dann gibt er es „billigst" auf; oder er sagt sich, ich kann bis zu dem und dem Preise gehen, sonst verzichte ich lieber, dann limitiert er den Auftrag. Das Devisengeschäft dagegen ist nur Mittel zum Zweck; es dient dazu, ein Warengeschäft zu ermöglichen, das erst den eigentlichen Zweck der Tätigkeit des Kunden bildet. Darum ist der Kunde im allgemeinen gezwungen, das Devisengeschäft abzuschließen, wenn er nicht das Warengeschäft ebenfalls fallen lassen will: ein Limit ist unmöglich. Andererseits aber ist wieder das Warengeschäft abhängig von dem Preise, den der Kunde für die Devisen bezahlt bzw. erzielt, d. h. das Geschäft muß sofort und mit festem Preise abgeschlossen werden, ein „Bestens"-Auftrag ist ebenfalls nicht möglich. Nur wenn der Kunde ausdrücklich den Auftrag für die Börse bestimmt oder Abschluß zum Börsenkurs verlangt, wird der Devisenhändler das Geschäft als Kommissionsgeschäft behandeln und den Auftrag dem Makler übergeben[1]).

Wir sehen also, daß die einfache Art, wie beim Effektengeschäft das Risiko der Bank ausgeschaltet wird, nämlich durch das Kommissionsgeschäft, beim Devisengeschäft nicht immer anwendbar ist. Nun muß aber das Risiko möglichst eingeschränkt werden, und das geschieht dadurch, daß der Devisenhändler sorgfältig darauf achtet, daß seine Käufe und Verkäufe sich ausgleichen, daß er möglichst zu keiner Stunde des Tages einen erheblichen Devisenbetrag gut hat oder schuldet. Dies erreicht er, indem er — um die Ausdrücke der Buchhaltungssprache zu übernehmen —, wenn seine Loro-Geschäfte einen erheblichen Saldo ergeben, ein Nostro-Geschäft abzuschließen sucht, d. h. er wendet sich mittels Telephon an ein anderes Bankhaus und sucht seinen Guthabensaldo abzustoßen bzw. seinen Schuldensaldo einzudecken, und zwar in runden Beträgen. Da sich die in dieser Weise abgeschlossenen Geschäfte nie genau nach Umsatzgröße und Preisen decken können, weil erstens, wie wir sahen, unter den Banken fast nur in runden Summen, mit den Kunden dagegen nicht in solchen gehandelt wird, also stets kleine Spitzenbeträge bleiben müssen, und zweitens auch stets für eine gewisse, wenn auch kurze Zeit zwischen Geschäft und Deckungsgeschäft ein eigener Devisenbestand bzw. eine

[1]) Durch die Kalkulation in Goldmark oder in Devisen ist der für die Devisen gezahlte Preis weniger bedeutungsvoll für das Zustandekommen des Warengeschäftes geworden. Die Folge ist eine Umkehrung des Brauches bei der Auftragserteilung: Das Devisengeschäft wird heute nur auf ausdrücklichen Wunsch des Kunden sofort fest abgeschlossen oder im Freiverkehr ausgeführt; ist nichts Besonderes über die Ausführung bemerkt, so wird es als Kommissionsgeschäft an der Börse bzw. zum Börsenkurse getätigt.

Lieferungsverpflichtung der Bank verbleibt, so bleibt ein gewisses Risiko für die Bank stets bestehen. Die Einnahmen der Bank aus dem Devisengeschäft stellen daher nie, wie beim Effektengeschäft, reine Vermittlergewinne (d. h. Provisionen oder, wie bei den Freiverkehrseffekten, die von vornherein für die Bank feststehende Kursdifferenz zwischen dem Bankenabschluß und dem Kundenabschluß) dar, sondern diese Einnahmen stehen unter dem Einfluß der sich aus den Kursänderungen der Devisen ergebenden Gewinne und Verluste. Von der Geschicklichkeit des Devisenhändlers hängt es dabei ab, ob sich im Laufe einer Geschäftsperiode mehr Gewinne oder mehr Verluste darunter befinden[1]).

### b) Der Abschluß des Devisentermingeschäftes im besonderen.

**1. Das direkte Kursrisiko der Bank und seine Ausschaltung.** *a*) Die Schwierigkeit der Deckung des Einzelgeschäftes durch ein DTG. Beim Devisentermingeschäft ist das reine Kursrisiko genau das gleiche, nur kommt hinzu, daß die Deckung durch die um längere Zeit hinausgeschobene Erfüllung zunächst erheblich erschwert wird. Man kann das Risiko ausschalten durch sofortigen Abschluß eines Gegengeschäftes. Da aber das DTG aus den Bedürfnissen des Warenhandels und nicht wie das Effektentermingeschäft, aus denen der Spekulation erwachsen ist, lassen sich bestimmte Tage als feste Norm für die Fälligkeit (Medio, Ultimo) nicht festsetzen; vielmehr muß der Kaufmann die Möglichkeit haben, beim Abschluß des Geschäftes den Fälligkeitstag nach Maßgabe des für ihn den eigentlichen Zweck der Transaktion bildenden Warengeschäftes zu bestimmen, worauf schon in der Einleitung hingewiesen wurde. Das hat zur Folge, daß die Fälligkeitstage der DTG über den ganzen Monat verstreut liegen und es für den Devisenhändler meist schwer halten wird, einen Kontrahenten für denselben Betrag auf denselben Fälligkeitstag zu erhalten. Zwar bringt die Praxis es mit sich, daß in erster Linie Medio und Ultimo, in zweiter der 10. und 20., der 5. und 25. jedes Monats als Fälligkeitstage bevorzugt werden, jedoch wird dadurch die Möglichkeit zum Abschlusse eines Gegengeschäftes wohl für die genannten Tage etwas erhöht, für die übrigen aber noch weiter verringert. Dies kommt noch zu der obenerwähnten Schwierigkeit hinzu, in dem nicht börsenmäßig zusammengefaßten Markt überhaupt sofort einen Kontrahenten für ein bestimmtes Devisengeschäft zu finden. So konnte es dem Devisenhändler unter Umständen begegnen, daß er lange herumlief, bis er einen

[1]) Über eine gewisse, aber für die Gedankengänge der vorliegenden Arbeit nicht wesentliche Änderung der Deckungspolitik der Banken im Laufe des Jahres 1923 vgl. Anmerkung zu S. 24.

Kontrahenten fand, und daß inzwischen die Kurse erhebliche Veränderungen durchgemacht hatten.

Um das zu vermeiden, machte der Devisenhändler das Gegengeschäft per Kasse. Dies brachte ihm die Befreiung von dem Kursrisiko, hatte aber, wenn man das einzelne Geschäft betrachtet, den Nachteil, daß bei einem Terminverkauf der für die Kassadevisen hingegebene Betrag nutzlos festlag, da ja der Terminkäufer erst am Fälligkeitstage zahlte; höchstens, daß die Bank für die Kassadevisen die geringen Kreditzinsen bei ihrem ausländischen Korrespondenten erhielt. Bei Terminkäufen dagegen war die Bank gezwungen, die auf Termin gekauften Devisen vorzuverkaufen, sie mußte sie sofort liefern, also Auslandskredit in Anspruch nehmen, der sie Debetzinsen kostete, wenn sie ihn überhaupt bekam.

$\beta$) Die Kompensation der Auszahlungen. Mit der steigenden Zahl der DTG aber stellte es sich heraus, daß die Auszahlungen, die aus den an verschiedenen Tagen für einen und denselben Fälligkeitstag abgeschlossenen Geschäften herrührten, sich in der Praxis gewöhnlich weitgehend ohne Zutun des Devisenhändlers kompensierten, so daß nur im Verhältnis zum Gesamtumsatz geringfügige Spitzen blieben, die die Bank auf dem Konto ihres Auslandskorrespondenten gut hatte bzw. schuldig blieb. Der Devisenhändler behandelte daher einfach in der Politik seiner täglichen Geschäftsabschlüsse Kassa- und Termingeschäft völlig gleich, d. h. sein Bestreben war lediglich auf den Ausgleich der täglichen An- und Verkäufe, die „Glattstellung seines Engagements“, zur Ausschaltung des Kursrisikos gerichtet, ob dies durch Kassa- oder Termingeschäfte geschah, war gleichgültig.

Daß diese Handhabung richtig ist, zeigt folgende Überlegung: Jedem Geschäftsabschluß in Devisen folgt die entsprechende Devisenauszahlung, einem Kauf der Bank eine solche, die der Kontrahent, einem Verkauf eine solche, die die Bank selbst zu leisten hat; und zwar bei einem Kassageschäft nach 2—3 Tagen, bei einem DTG an dem vereinbarten Termin. Wenn die an einem Tage abgeschlossenen An- und Verkäufe sich ausgleichen, so müssen sich nach einer gewissen Zeit die durch sie veranlaßten Auszahlungen ebenfalls ausgleichen, nämlich dann, wenn die letzte Auszahlung erfolgt ist. Es ist also auseinanderzuhalten: der Ausgleich der An- und Verkäufe, der täglich, und der Ausgleich der daraus entstehenden Auszahlungen, der erst auf die Dauer erfolgt. Die in Erfüllung der sich ausgleichenden An- und Verkäufe eines Tages geleisteten und empfangenen Auszahlungen werden sich in den Tagen zwischen diesem Abschlußtag und dem zugehörigen letzten Auszahlungstag in der Regel nicht ausgleichen, sondern es wird ein Saldo der Auszahlungen bestehen. Ein bestimmter Tag weist also umgekehrt für jeden der vorhergehenden, noch nicht ganz abgewickelten Abschlußtage je einen Saldo der Auszahlungen auf. Diese verschiedenen

Auszahlungssalden eines Tages für die sämtlichen vorhergehenden Abschlußtage kompensieren sich größtenteils wieder untereinander, und es bleibt nur noch ein Saldo der Salden übrig, der im Verhältnis zu der Menge der abgeschlossenen Geschäfte sehr geringfügig erscheint. Natürlich gilt das nur, wenn das Gesetz der großen Zahl wirklich wirksam ist und nicht durch andere Einflüsse, übernormal große und übernormal lang laufende Geschäfte, gestört wird. Wenn die Bank einen Terminkauf über 12 Monate tätigt und der Durchschnitt der Geschäfte über 3 Monate läuft, dann wird das Konto der Bank bei ihrem Auslandskorrespondenten vom 3. bis zum 12. Monat einen entsprechenden Minderbetrag aufweisen.

Da nun solche das Gesetz der großen Zahl störende Einflüsse nicht immer ohne weiteres erkennbar sind, ist es nötig, eine Kontrolle über die täglich zu leistenden bzw. zu empfangenden Auszahlungen zu haben, damit nicht womöglich für mehrere Tage oder Wochen größere Kapitalien in überflüssigen Devisenguthaben festliegen (was bei der augenblicklichen Geldknappheit im Gegensatz zu den vergangenen 2 Jahren eine erhebliche Rolle spielt) oder Debetsalden bestehen, die unnötig Zinsen verursachen oder unter Umständen gar den Kredit der Bank überspannen.

Bei der Überwachung der Nostro-Guthaben hat der Devisenhändler aber nicht nur die aus den laufenden Geschäften sich ergebenden Auszahlungen und Eingänge zu berücksichtigen, sondern auch die Devisenguthaben der Kunden (Loro-Guthaben), die er gleichfalls in für die Bank möglichst günstiger Weise zu verwerten sucht. Es gibt hier ähnlich wie bei den Mark-Kontokorrentguthaben zwei Arten, erstens täglich fällige und zweitens auf bestimmte Zeit festgelegte, letzteres dann, wenn der Kunde die Devisen für eine bestimmte Zeit nicht benötigt und sie der Bank gegen eine Vergütung für diese Zeit zur Verfügung stellt; meist wird er jedoch in solchem Falle ein Kostgeschäft, über dessen Wesen unten Näheres gesagt werden wird, mit der Bank abschließen. Ein solches Kostgeschäft hebt das Devisenguthaben des Kunden für diese Zeit auf, da die Devisen für die Laufzeit des Kostgeschäftes in das Eigentum der Bank übergehen, und wirkt im übrigen für die Bank nicht anders wie jedes andere derartige Geschäft. Bei genügender Anzahl der täglich fälligen Loro-Guthaben gilt für diese das gleiche wie für die Mark-Kontokorrentguthaben, nämlich, daß man trotz der sofortigen Fälligkeit ziemlich sicher sein kann, daß ständig ein gewisser Gesamtbetrag dieser Guthaben infolge von Kompensation von Zu- und Abgängen bestehen bleibt, und daß die Bank diesen zu Aktivgeschäften verwenden kann.

$\gamma$) Die besondere Liquidität der Devisenbestände. Diese Verwendung der Devisenguthaben der Kunden zu Aktivgeschäften des

Bankbetriebes durch Ausleihen an Dritte, sei es in der Form des Kostgeschäftes, sei es als Vorschuß gegen Zinsen, ist heute durchweg üblich. Es fragt sich, wie man sich dazu vom Standpunkte der Sicherheit für den Kunden, die dabei gewährleistet bleiben muß, grundsätzlich zu stellen hat. Gegen eine Verwendung der Mark-Kundenguthaben zu Aktivgeschäften wird ein Einspruch nicht erhoben, soweit sie sich innerhalb gewisser Grenzen hält — beruht doch die ganze Existenz und volks- wie betriebswirtschaftliche Funktion des Bankbetriebes auf der Verwendung fremder Kapitalien. Für die Verwertung der Devisenguthaben der Kunden gilt das gleiche wie für die Kontokorrentguthaben. Die Verwertung derselben bringt der Volkswirtschaft Vorteile, die Bank zahlt Zinsen dafür, und man wird daher der Bank billigerweise nicht vorschreiben können, die Devisen in einer ganz bestimmten Weise, nämlich als Depositenguthaben bei einer ausländischen Bank, anzulegen. Immerhin ist aber zu berücksichtigen, daß die Angebot- und Nachfrageschwankungen des Devisenmarktes erheblich schärfer und plötzlicher sind als die des Geldmarktes, gehen sie doch unter Umständen bis zu völligem Mangel an Angebot, was am Geldmarkt nie vorkommt. Hier wie dort versagt in kritischen Zeiten, wo das Publikum sein Geld zurückzieht bzw. hohe Anforderungen stellt, der Markt, der der Bank als Rückhalt dienen könnte. Nur tritt das beim Devisenmarkt noch schärfer hervor, weil die Bewegungen desselben viel einheitlicher von dem gesamten Publikum getragen werden als die des Geldmarktes. Das bedeutet, daß für die Devisenguthaben eine besondere Liquidität festzustellen ist, die erheblich besser sein muß als die Gesamtliquidität der Bank.

Die Folgerung ist, daß die Bank nur Bruchteile der bestehenden Devisenguthaben ihrer Kunden zu Eigengeschäften verwenden darf und stets eine erhebliche Liquiditätsreserve halten muß, daß man ihr aber in diesem Rahmen und bei Wahrung der Sicherheit der Anlage das Recht der Verwertung unbedenklich zugestehen kann. Daß die Banken eine solche Liquiditätsreserve halten, geht aus der Zusammenstellung der — auch die Markguthaben enthaltenden — Nostro-Guthaben der Berliner Großbanken am 31. Dezember 1921 [nach der Frankfurter Zeitung[1])] hervor; so sind die Nostro-Guthaben der Deutschen Bank von 1185 Mill. im Jahre 1920 auf 3863 Mill. 1921 gestiegen, also auf das $3^1/_2$fache, während der Dollar (hier als Maßstab der Geldentwertung genommen) von 73,37 auf 184, also nur auf das $2^1/_2$fache, die Kreditoren und Einlagen von 21 580 Mill. auf 38 617 Mill., d. h. auf etwas mehr als das $1^3/_4$fache stiegen. Die Kritik, die die Frankfurter Zeitung an der Hereinnahme der Devisenguthaben und -verbindlichkeiten der Kunden in diese Ziffern übt, erscheint be-

[1]) Nr. 448 v. 18. Juni 1922: Das Bankenjahr 1921.

züglich der Bilanzklarheit vielleicht gerechtfertigt (obwohl man mit der Forderung nach Bilanzklarheit bei jedem anderen Posten der Bilanzen ebensogut einsetzen kann), weniger bezüglich der Erschwerung der (Gesamt-) Liquiditätsberechnung, da ja die Ansprüche der Kunden aus ihren Devisenguthaben auf diese Nostro-Guthaben rechtlich und wirtschaftlich nichts anderes darstellen als die Ansprüche aus ihren Markguthaben, also in die Gesamtliquidität der Bank einzubeziehen sind. Die Devisenliquidität ist für sich natürlich aus der Bilanz nicht zu ersehen, doch kann der Außenstehende darauf verzichten, ohne daß seine Urteilsmöglichkeit über den Stand der Bank stark beeinträchtigt würde. Denn im Falle einer Illiquidität des Devisenbestandes hat die Bank stets die Möglichkeit, sich — allerdings vielleicht unter erheblichen Opfern — die ihr fehlenden Devisen am Markte zu kaufen, wenn sie nur sonst genügend flüssige Mittel besitzt. Für den Augenblick ist allerdings die Frage der Devisenliquidität nebensächlich geworden, da die hohen Kurszuschläge im Kostgeschäft eine gewinnbringende Verwendung der Devisenbestände ausschließen und für die Gewährung von Devisenvorschüssen meist eine im Verhältnis zu den verfügbaren Devisenbeständen genügende Anzahl von genügend sicher erachteten Bewerbern nicht vorhanden ist.

δ) Das Kostgeschäft. Wie S. 15 bereits erwähnt, bleiben bei der Kompensation der Auszahlungen, die aus dem DTG und den Kassadeckungsgeschäften entstehen, gewisse Salden übrig, die in (an Nachkriegsverhältnissen gemessen) ruhigen Zeiten klein waren und dann nur eine geringe Verschiebung der Liquidität des Devisenbestandes der Bank (Loro-Verpflichtungen — Nostro-Guthaben) herbeiführten, ohne daß weitergehende Maßnahmen erforderlich waren. Sobald aber das Terminangebot die Terminnachfrage stark übersteigt oder, wie es heute die Regel ist, umgekehrt, trifft das nicht mehr zu. Es fragt sich, wie sich die Bank hier hilft, wenn sie nicht ihr angebotene DTG, die sonst vielleicht recht günstig für sie wären, einfach abweisen will. Es ist erforderlich, etwas weiter auszuholen.

Im Herbst 1921 spitzten sich die Verhältnisse am Devisenmarkte in einer bis dahin unerhörten Weise zu. Es kam zu einer gewaltigen Nachfrage nach Devisen, der ein minimales Angebot gegenüberstand, so daß an der Börse Repartierungen auf 10—20% oder noch weniger der nachgefragten Beträge an der Tagesordnung waren. Infolgedessen konnte derjenige, der Devisen benötigte, nahezu mit Sicherheit darauf rechnen, daß er sie nicht in der erforderlichen Menge bekam. Dagegen hatten sich mit der Zeit im Auslande große Guthaben Deutscher in der betreffenden Landeswährung angesammelt, und zwar Guthaben Privater, sei es solcher direkt, sei es, daß das Guthaben bei einer deutschen Bank im Inland als Devisenguthaben des Kunden geführt wurde und im Auslande auf den Namen der Bank ging. Die oft genug in der Presse erörterten Gründe für diese Ansammlung von Guthaben im Auslande sind die Steuerflucht, das Bestreben des Kapitalisten, der Entwertung seines Vermögens zu entgehen („Flucht vor der Mark"), das Bestreben des Kaufmannes, sich für den Fall weiterer Entwertung der Mark billige Devisen und damit billigen Einkauf zu sichern oder sich in der Kalkulation überhaupt unabhängig von den Devisenschwankungen zu machen, indem er sich ein Devisenguthaben beschaffte, daraus seine Rohstoffeinkäufe bestritt und es mit den Exporterlösen wieder auffüllte, wodurch eine Umrechnung in Mark nicht mehr erforderlich war. In der Schweiz allein werden die kurzfristigen deutschen Guthaben Ende 1921 auf 1200 Millionen Franken geschätzt[1]). Diese erheblichen Beträge brachten den Besitzern lediglich die geringen Habenzinsen der ausländischen Banken; die in ihnen angelegten Kapitalien lagen fest, und die Besitzer suchten nach der Möglichkeit einer günstigeren Verwertung, ohne aber die Devisen aus der Hand geben zu wollen.

Diese Verhältnisse führten dazu, daß alle diejenigen, die Devisen zu Einkaufszwecken benötigten und hoffen konnten, sie eines Tages in irgendeiner Weise wiederzuerlangen, die Devisen, die sie nicht kaufen konnten, von jenen Devisenbesitzern zu entleihen suchten[2]), wodurch sie sich gleichzeitig eine Sicherung gegen einen doch immerhin möglichen Kurssturz der Devisen verschafften. Diesen Weg schlugen nicht nur die reinen Veredlungsbetriebe ein, also die Betriebe, die Rohstoffe einführten und die daraus hergestellten Fabrikate wieder ausführten, sondern jeder Betrieb, der nur irgendwie für seinen Bedarf etwas aus dem Auslande benötigte und irgenwelche Mengen von Fabrikaten ausführte, benutzte dieses Verfahren. Ja, noch weiter, auch solche Betriebe, die nur einführten und gar nicht ausführten, versuchten aus dieser Möglichkeit Nutzen zu ziehen: Gerade in jener Zeit machte die Valutafakturierung inländischer Geschäftsabschlüsse wieder einmal viel von sich reden.

Die Form, in der sich dieses Leihgeschäft vollzog, war die alte, vom Effektengeschäft her bekannte Form des Reportgeschäftes, Kauf zum Tageskurs und Rückkauf per einen oder einige Monate später zu demselben Kurs abzüglich oder zuzüglich einer beim Abschluß des Geschäftes festgelegten, durch die Marktlage bedingten Vergütung für den einen oder anderen Teil. Die Abweichungen vom Effektenreportgeschäft sind, daß das Geschäft nicht mehr von Ultimo zu Ultimo, sondern auf beliebige längere oder kürzere Zeit abgeschlossen wird,

[1]) Vgl. Steuerflucht. Bank, Januar 1922, S. 57.

[2]) Einzelne derartige Geschäfte waren schon früher gemacht worden (vgl. Köln. Ztg. Nr. 451 vom 24. Juni 1921), aber zu wirklicher Bedeutung gelangten sie erst jetzt.

und daß nicht mehr der Liquidationskurs, den es nicht gibt, sondern der Tageskurs, und zwar unter Banken stets der Mittelkurs[1]) der Börse des Abschlußtages, zugrunde gelegt wird.

Aber es zeigte sich noch ein weiterer wichtiger Unterschied: Bei dem Effektenreportgeschäft war der ursprüngliche Sinn des Geschäftes ein Lombardgeschäft, das Motiv dazu die Beschaffung von Geld (daß der Baissier dieses Geschäft dazu benutzte, sich die nötigen Stücke für die Prolongation zu beschaffen, ändert nichts daran), und demgemäß waren für dieses Geld Zinsen in Gestalt eines Kursaufschlages beim Rückkauf (Report) zu bezahlen; ein Kursabschlag (Deport) kam nur dann vor, wenn entweder Stückzinsen zu bezahlen waren und diese höher waren als die Geldzinsen oder in den nicht allzu häufigen Fällen, daß die Spekulation ganz überwiegend à la Baisse lag und starker Stückemangel bestand. Das heutige Devisenreportgeschäft dagegen war seinem ursprünglichen Sinne nach ein Devisenleihgeschäft, das Motiv die Beschaffung von Devisen (Stücken); daraus ergibt sich, daß nicht mehr der durch die Geldverhältnisse bestimmte Zinssatz, also die Geldseite, sondern die Nachfrage nach Devisen, also die Warenseite, den Reportsatz bestimmten. Es ergibt sich das Weitere, daß trotz des ständigen Überwiegens der Geldzinsen über die Stückzinsen (hier: Devisenzinsen) zunächst der Kursabschlag die Regel bildete. Bezeichnend ist, wie es als etwas Anormales empfunden wurde, als Ende März/Anfang April 1922 infolge des großen Angebotes an Reportdevisen im allgemeinen „glatt geschoben", d. h. weder Report noch Deport gezahlt, ja in den Devisen Neuyork und London sogar ein kleiner Kursaufschlag gezahlt wurde[2]).

Die Folge dieser Entstehung des Devisenreportgeschäftes ist, daß die technischen Ausdrücke auf die Devisenseite (und nicht die Geldseite) des Geschäftes bezogen wurden, im Gegensatz zu dem früheren Effektenreportgeschäft. Angebot am Reportmarkt bedeutet Devisenangebot, Nachfrage Devisennachfrage; entsprechend wurden auch die Ausdrücke „Geld" für Devisennachfrage und „Brief" für Devisenangebot verwandt. So bezeichnete man auch im Devisenreportgeschäft den Kurs*ab*schlag, den der Entleiher der Devisen dem Verleiher als Vergütung für die Überlassung der Devisen bei der Rückgabe derselben gestatten mußte, als das Regelmäßige mit *Report*, den Kursaufschlag als die Ausnahme mit Deport, während beim Effektenreportgeschäft der Kurs*auf*schlag als die Zinsvergütung für den Geldver-

[1]) Die Börsenkurse in Devisen werden in Berlin, Frankfurt a. M. und Köln in der Weise notiert, daß zunächst ein Einheitskurs als „Mittelkurs" von den Maklern festgestellt wird und aus diesem die zu veröffentlichenden Brief- und Geldkurse durch Addition und Subtraktion von je $1^0/_{00}$ des Kursbetrages errechnet werden.

[2]) Frankfurter Zeitung 1922, Nr. 242.

leiher mit Report, der Kursabschlag mit Deport bezeichnet wurde. Faßt man den Grundbegriff des Reports als eine Zinsvergütung, den des Deports als eine Vergütung für das Leihen von Stücken auf, so wird man die Verwendung der beiden Begriffe, wie sie im Devisenreportgeschäft geschah, als falsch bezeichnen müssen. Die Frage ist jedoch von geringer Bedeutung, da in der Praxis die Verwendung der Ausdrücke Reportgeschäft, Report und Deport im Devisengeschäft von Anfang an selten war und heute ganz verschwunden ist. Statt dessen gebraucht man die früher in Österreich[1]) gebräuchlichen Ausdrücke: Kostgeschäft, in Kost geben, in Kost nehmen, oder man spricht von Schiebung London, Schiebung Amsterdam usw.

Wurde etwa zu der Zeit, als der Sterling auf M. 1400 stand, Schiebung London mit 7 B, $3^{1}/_{2}$ G genannt, so bedeutete das, daß eine Bank Sterling auf 1 Monat in Kost erhalten konnte mit einem Kursabschlag von M. 7 pro £ und Sterling in Kost geben konnte mit einem Kursabschlag von M. $3^{1}/_{2}$ pro £. D. h. sie konnte Sterling per Kasse kaufen zum Mittelkurs des letzten Tages — wir nehmen ihn mit 1400 an — und diese per 1 Monat später zurückverkaufen zu 1393, oder sie konnte Sterling per Kasse verkaufen zu 1400 und sie per 1 Monat später zu $1396^{1}/_{2}$ zurückkaufen. Wurde aber Schiebung London mit $3^{1}/_{2}$ B, 7 G genannt, so bedeutete das, daß die Bank Sterling auf 1 Monat in Kost erhalten konnte mit einem Kurszuschlag von M. $3^{1}/_{2}$ pro £ und in Kost geben konnte mit einem Kurszuschlag von M. 7 pro £. D. h. (die Kassageschäfte wieder zu 1400 vorausgesetzt) sie hatte erhaltene Sterling nach 1 Monat zu $1403^{1}/_{2}$ zurückzuliefern und erhielt hineingegebene Sterling zu 1407 zurück. Ob es sich um Abschlag oder Zuschlag handelte, ergab sich bei der Nennung aus der Stellung des Briefkurses zum Geldkurse. Stand ersterer höher, so handelte es sich um einen Abschlag, stand er niedriger als letzterer, um einen Zuschlag. Die Ursache kann man sich an folgender bildlicher Darstellung des Schiebungsgeschäftes vergegenwärtigen, in der die ausgezogenen Pfeile den Weg der Devisen andeuten, die gerissenen den Weg des Markgegenwertes.

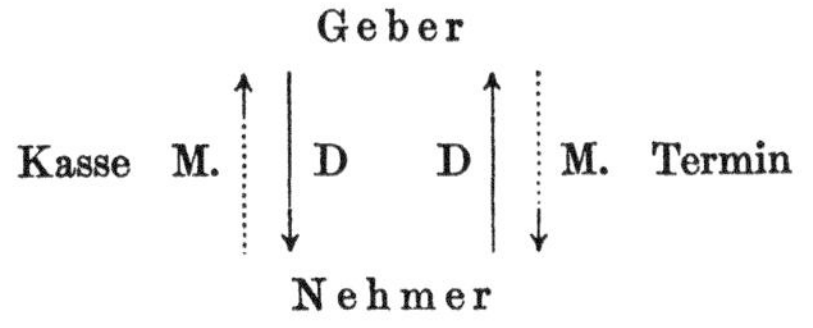


Die beiden Markbeträge sind zunächst als gleich aufzufassen. Tritt ein Kursabschlag ein, so vermindert er den Markbetrag des Termingeschäftes (rechts), der Kursabschlag bedeutet eine Vergütung für den Geber.

[1]) Buchwald: a. a. O. S. 238.

Wer einen Briefkurs nennt, will Geber (von Devisen) sein, er wird den Abschlag also möglichst hoch nennen, wer einen Geldkurs nennt, will Nehmer sein, er wird den Abschlag möglichst niedrig haben wollen; also muß beim Abschlag der Briefkurs höher sein als der Geldkurs (7 B, $3^1/_2$ G). Der Kurszuschlag ist eine Vermehrung des Markbetrages des Termingeschäftes (rechts in der Zeichnung), eine Vergütung für den Nehmer. Der den Briefkurs nennende Geber will ihn möglichst niedrig, der den Geldkurs nennende Nehmer möglichst hoch haben; daher steht bei Zuschlag der Geldkurs über dem Briefkurse ($3^1/_2$ B, 7 G).

Die im Sommer 1922 einsetzende scharfe Devisenhausse führte infolge der starken Geldknappheit und der sich immer mehr in Privathand ansammelnden Devisenvorräte dazu, daß das bewegende Motiv des Schiebungsmarktes nicht mehr der Devisenmangel, sondern der Geldmangel wurde, daß infolgedssen der (Devisen-) Nehmer als der stärkere Teil — denn er gab ja das knapp gewordene Geldkapital her — die Vergütung beanspruchen konnte, es somit zu einem dauernden Zuschlage kam. Die Entwicklung führte schließlich dahin, daß der Kurszuschlag heute als reiner Zins, freilich einer besonderen Art, empfunden und demgemäß vielfach nicht mehr in Mark pro Monat und Notierungseinheit genannt wird, sondern in Prozent pro Monat. (Letzteres war früher nur dann üblich, wenn man zusammenfassend über die Marktlage am Schiebungsmarkt insgesamt sprach; es wird auch für die wissenschaftliche Behandlung stets die bessere, weil übersichtlichere Ausdrucksweise sein.) Nach der bei Zinssätzen üblichen Art der Kursnennung spricht man heute nicht mehr von Geld und Brief, sondern nennt einen einheitlichen Satz, z. B. Schiebungssatz 20% pro Monat. Nebenher läuft eine zweite Ausdrucksweise, die besonders beim Geschäftsabschluß Verwendung findet „Von Ihnen fl. 10 000 per 19. Dezember zu 2585, an Sie fl. 10 000 per 16. Januar zu 3102". Das bedeutet, daß der Sprecher am 16. Dezember fl. 10 000 auf der Grundlage des Tageskurses vom 2585 auf 1 Monat in Kost nimmt (in Wirklichkeit M. 25 850 000 gegen Devisenunterlage ausleiht) gegen eine Zinsvergütung von 20% pro Monat = M. 517 pro fl. Damit ist eine zwar etwas umständliche, aber unbedingt unmißverständliche Ausdrucksweise gefunden.

Diese Umkehrung der tatsächlichen Verhältnisse gegenüber denen zur Zeit des Aufkommens des Schiebungsgeschäftes ändert nichts daran, daß alle technischen Ausdrücke, die das Schiebungsgeschäft betreffen, sich auf die Devisenseite desselben beziehen, und dieser Satz ist daher zum Verständnis des folgenden, besonders des Abschnittes über die Theorie des DTG, unbedingt festzuhalten; in Kost geben, Schiebung verkaufen, heißt Devisen leihweise abgeben; Angebot am Schiebungsmarkt heißt Angebot leihweiser Abgabe von Devisen. Man muß sich also vergegenwärtigen, daß, wenn heute Geld auf Devisen gesucht wird, dies sich äußert in einem „Angebot am Schiebungsmarkt" (nämlich von Devisen).

Im Frühjahr/Sommer 1921 zeigten sich die ersten Anfänge dieses Kostgeschäftes, ohne jedoch zunächst großen Anklang und weitere Verbreitung zu finden. Erst gegen Ende des Jahres 1921 wurde es lebhafter, im Frühjahr 1922 konnte man in Köln mit ziemlicher Sicherheit darauf rechnen, zu einem der oben angegebenen, als Terminfälligkeiten bevorzugten Tage ein gewünschtes Kostgeschäft abschließen zu können (vorausgesetzt natürlich, daß der Anbietende den Ansprüchen des Marktes an seine Keditfähigkeit genügte, wovon später noch die Rede sein wird). Dann aber erst kann das Kostgeschäft die ihm zufallenden Aufgaben wirklich erfüllen. Durch die gewaltigen Kursschwankungen im Sommer 1922 ist dieses Geschäft allerdings wieder stark beeinträchtigt worden.

Dieses Kostgeschäftes bedienten sich die Banken, um ihre Auszahlungssalden zu decken. Überwogen die Terminverkäufe der Kunden, so entstand durch die Kassadeckungsverkäufe der Bank ein zeitweiliger Sollsaldo in Devisen, der durch eine Kosthereinnahme gedeckt wurde; durch überwiegende Terminkäufe der Kundschaft entstand ein zeitweiliger Habensaldo in Devisen (= Sollsaldo in Mark), der durch eine Kosthingabe gedeckt wurde.

Aber man kann noch weitergehen und das Kostgeschäft zur Deckung jedes einzelnen DTG heranziehen, ein Verfahren, das für Banken mit größeren Umsätzen nicht zweckmäßig erscheint, das aber viele kleinere Banken mit geringen Umsätzen im DTG, für die die Wirksamkeit der Kompensation nicht genügend groß war, benutzten. Die Deckung eines DTG gestaltete sich dann folgendermaßen:

Der Devisenhändler hat Devisen auf Termin gekauft, er verkauft sie sofort per Kasse, ist nun bezüglich des Kurses gedeckt und hat Zeit, sich in aller Ruhe jemand zu suchen, der ihm den gleichen Betrag bis zum Fälligkeitstage des Termingeschäftes in Kost gibt. Mit den Devisen, die er aus dem Kostgeschäft erhält, erfüllt er das Kassageschäft, und mit dem Gelde aus dem Kassageschäft bezahlt er den Kostkauf. Am Fälligkeitstage erhält er von dem Terminverkäufer die Devisen, die er dem Kostgeber zurückliefert, und mit dem von dem Kostgeber zurückerhaltenen Gelde bezahlt er den Terminverkäufer. Beim Terminverkauf verläuft die Sache umgekehrt. Die genannte Reihenfolge ist natürlich nicht chronologisch, sondern kausal aufzufassen.

Noch einfacher wird die Ableitung des Gedankens, wenn man vom Kostgeschäft ausgeht und folgende Gleichungen aufstellt:

Kostabgabe = Kassaverkauf + Terminkauf[1]),

daraus folgt:

Terminkauf = Kostabgabe — Kassaverkauf

oder, da ein negativer Verkauf ein positiver Kauf ist,

Terminkauf = Kostabgabe + Kassakauf.

Ähnlich folgt aus der Gleichung

Kosthereinnahme = Kassakauf + Terminverkauf

die andere Gleichung

Terminverkauf = Kosthereinnahme + Kassaverkauf.

Diese beiden Gleichungen:

Terminkauf = Kassakauf + Kostabgabe,
Terminverkauf = Kassaverkauf + Kosthereinnahme

stellen die Auflösung des Termingeschäftes dar. Führt man in der Praxis die eine Seite *einer* Gleichung aus, so muß man, um gedeckt zu sein, auch eine beliebige Seite der *anderen* Gleichung ausführen.

Nach dem Gesagten müßte der Devisenhändler selbst für seine Geschäfte eine doppelte Kontrolle besitzen: 1. über den täglichen Ausgleich von An- und Verkäufen, 2. über die täglich erfolgenden Auszahlungen und den Bestand des Nostro-Guthabens. Die erste Kontrolle leistet dem Devisenhändler die sogenannte Bestandsstaffel, manchmal ein Buch, oft auch nur eine Art Notizblock, worauf er jedes abgeschlossene Geschäft, gleichgültig, ob Termin- oder Kassageschäft, nur mit Angabe des Betrages, Kurses und, falls Termingeschäft, auch des Verfalltages, gesondert nach Währungen, innerhalb dieser in chronologischer Reihenfolge, aufschreibt, indem er jeden gekauften Betrag zuzählt, jeden verkauften abzieht. Der Saldo ergibt, wie man es auszudrücken pflegt, das eigene Engagement der Bank[2]). Gewinn oder Verlust lassen sich auf dieser Bestandsstaffel, die den einzigen Leitfaden des Devisenhändlers bildet, nicht direkt feststellen. Das ist auch nicht nötig, da der Devisenhändler diese Abwägung von Gewinn und Verlust im Ge-

[1]) Beim Lesen der Gleichungen ist die Bedeutung des Gleichheitszeichens zu beachten: Die eine Seite der Gleichung stellt dasselbe dar wie die andere, die eine kann durch die andere *ersetzt* werden. Das ist nicht zu verwechseln mit dem Bestreben der Praxis, ein Geschäft wegen des Kursrisikos durch ein *entgegengesetztes aufzuheben.*

[2]) Die Banken sind neuerdings mehr und mehr dazu übergegangen, ihre Geschäftspolitik so einzurichten, daß sich die Gewinne aus dem Devisengeschäft (in hochwertigen Valuten) nicht mehr in Mark, sondern in Devisen ergeben. Daraus folgt eine andere Einrichtung der Händlerstaffel: Bei jedem Geschäft wird der ausmachende Betrag ausgeworfen, und saldiert werden nicht mehr die Nominalbeträge, sondern die Markbeträge. Der Händler ist dann gedeckt, wenn die Markspalte keinen Bestand (Saldo) ergibt. Nun kann auch die Trennung nach Währungen wegfallen. Der Unterschied gegen früher besteht also darin, daß der

fühl hat: er denkt nicht per Saldo, sondern er denkt in Geschäften, indem er sich sagt: Ich habe die und die Posten zu dem und dem Kurse gekauft, ich darf also beim Verkauf soundso weit gehen; oder, ich habe die und die Posten zu dem und dem Kurse verkauft, ich muß also soundso viel zu höchstens dem und dem Kurse kaufen. (Natürlich hat er schon beim Abschluß des ersten Geschäftes auf Kursstand und Tendenz Rücksicht genommen.)

Für die zweite Kontrolle, die eine Kontrolle in die Zukunft sein müßte, bietet sich eine rein mechanische Möglichkeit ebensowenig, wie dem Kassierer für seine täglichen Kassendispositionen. Wie in der Kasse das Wechsel- und das Scheckavisbuch, so wird in der Devisenabteilung das Terminverfallbuch geführt, in das für jeden Tag im voraus die an diesem zu leistenden bzw. zu empfangenden Auszahlungen eingetragen werden. Primär dient dieses Buch als Terminkalender für den die zu leistenden Auszahlungen veranlassenden Korrespondenten. Sekundär aber dient dieses Buch dazu, dem Devisenhändler einen Überblick über die in den nächsten Tagen zu leistenden bzw. zu empfangenden Auszahlungen zu geben, nach dem er dann unter Berücksichtigung der Salden der Nostro-Guthaben das Verhältnis seiner Kassen-, Termin- und Kostgeschäfte zueinander einzurichten hat. Zu diesem Zweck führt man am besten ein besonderes Terminverfallbuch für jede Währung; ist der Geschäftsumfang nicht sehr groß, so wird man die Betragsspalte nach Währungen teilen können. Es ist denkbar, in dieses Verfallbuch auch die Kassageschäfte aufzunehmen, so daß die Auszahlungsaufträge dann einheitlich nach einem Buch gegeben werden. Doch kann man auch die Auszahlungsaufträge aus den Kassageschäften nach den Abschlußzetteln direkt geben lassen.

Wir haben somit 3 Entwicklungsstufen in der Deckung des Termingeschäftes:

1. Termingeschäft gegen Termingeschäft,
2. Termingeschäft gegen Kassageschäft + Kostgeschäft,
3. Termingeschäft gegen Kassageschäft.

Händler in seiner Deckungspolitik erheblich freier ist, da er jede hochwertige Währung zum Ausgleich seines Saldos verwenden kann; er braucht nur noch eine Staffel an Stelle von 7—10 zu führen; als Überschuß (Gewinn) verbleibt nach erfolgter Deckung nicht mehr wie früher ein Markbestand, sondern ein Devisenbestand, der sich aus den verschiedensten Währungen zusammensetzt. Daneben muß aber die Übersicht über die Bestände in den einzelnen Devisen erhalten bleiben, daher wird in der Devisenabteilung neben der Händlerstaffel noch ein sog. Positionsbuch in Staffel- oder Kontenform geführt, das der im Text beschriebenen Bestandsstaffel entspricht. Das war auch vorher schon vielfach üblich gewesen. Im übrigen ändert sich an der Buchführung nichts, auch die *buchmäßige* Errechnung von Gewinn und Verlust geschieht weiter in der bisherigen Weise in Mark.

Hieraus ist nicht zu folgern, daß diese 3 Stufen etwa überall aufeinander gefolgt sind, sondern an vielen Stellen hat sich aus der 1. die 3. Stufe sofort entwickelt, längst ehe das Kostgeschäft überhaupt irgendwelche Bedeutung erlangt hatte. Diese Entwicklungsstufen sind also keine zeitlichen, sondern systematische; das Unterscheidungsmerkmal liegt in dem börsentechnischen Merkmal der Marktausdehnung; in der größeren oder geringeren Freiheit, mit der der Devisenhändler die Geschäfte abschließen kann; und damit in der größeren oder geringeren Wahrscheinlichkeit, das gewünschte Geschäft abschließen zu können und — dies aber in beschränkten Grenzen — in der größeren oder geringeren Möglichkeit der Beeinflussung des Terminmarktes. Denn auf der 1. Stufe haben wir einen reinen Terminmarkt, der aus Sicherheitsgründen stets beschränkt bleiben wird, auf der 2. Stufe wird der Terminmarkt bereits mit dem größeren Markt der Kostgeschäfte zusammengefaßt, dessen eigentliche Aufgabe es ist, zeitweilig verfügbare Devisen solchen zur Verfügung zu stellen, die sie zeitweilig brauchen. Auf der 3. Stufe aber wird der Terminmarkt vollständig mit dem gesamten Devisenmarkt eng verknüpft, so daß seine Ausdehnung technisch unbegrenzt erscheint.

**2. Die Gefahr der Nichterfüllung durch den Kontrahenten.** *a*) Das Risiko des Kunden. Wenn so auch der Devisenhändler die Möglichkeit hat, die sich aus den Kursschwankungen direkt ergebenden Gefahren auszuschalten, so ist damit doch nicht alle Gefahr für die Bank beseitigt. Vielmehr besteht noch eine doppelte indirekte Gefahr, die ihr sowohl von der Seite des Kunden droht, mit dem sie das Geschäft abschließt, wie auch von der Seite des Gegenkontrahenten, an den sie das Geschäft weitergibt. Z. B. möge der deutsche Exporteur nach Abschluß eines Warenlieferungsvertrages die Devisen, die ihm nach Erfüllung desselben zufließen sollen, auf Termin verkauft haben. Nun wird ihm aus irgendeinem Grunde, Streik oder dergleichen, die Lieferung der Ware unmöglich, oder der ausländische Käufer weigert sich, die Ware abzunehmen, dann erhält der Exporteur den Gegenwert nicht, die verkauften Devisen muß er aber liefern. Auch wenn man ganz davon absieht, daß ihn unter Umständen, wenn es sich um große Geschäfte handelt, das Ausbleiben der Zahlung allein schon in eine gewisse Verlegenheit bringen kann, so kann es zu außerordentlichen Verlusten führen, wenn der Devisenkurs inzwischen gestiegen ist, und er sich die zu liefernden Devisen am Markt beschaffen muß. Wenn man sich vorstellt, daß ein Fabrikant meist eine Reihe von Aufträgen laufen hat, und daß diese im Falle eines Streiks alle unausführbar werden, so sieht man, wie leicht das DTG auch eine solide Firma zugrunde richten kann. Wenn eine solche Firma infolge dieser Verluste ihre Zahlungen einstellt und die Devisen nicht liefert, ist die Bank trotzdem gezwungen, demjenigen, an den sie die Devisen seiner Zeit weiterverkauft hat, dieselben zu liefern; sie muß sich zum Tageskurs eindecken und erleidet nun selbst den beschriebenen Verlust. Sie ist also gezwungen, sich die Kunden, mit denen sie solche Geschäfte abschließt, sehr genau auf ihre Zahlungsfähigkeit hin anzusehen, viel schärfer als etwa beim reinen Kontokorrentkredit. Hierbei zeigt sich ganz besonders die Überlegenheit der Privatbank im Devisengeschäft, denn diese vermag ihre Kunden im allgemeinen besser zu beurteilen, als dies der Reichsbank unter den heutigen Verhältnissen, d. h. nach dem nahezu völligen Aufhören des Wechselverkehrs, möglich ist.

$\beta$) Der Differenzeinwand. Die zweite Gefahr für die Bank liegt in der Möglichkeit des berüchtigten Differenzeinwandes[1]). Das Reichsgericht hat in konsequenter Rechtsprechung Zeit- und Termingeschäfte, soweit nicht die Absicht ihrer tatsächlichen Erfüllung nachgewiesen werden konnte, als Differenzgeschäfte behandelt und demgemäß den Differenzeinwand gemäß § 764 BGB überall da zugelassen, wo dies nicht durch § 58 des Börsengesetzes ausgeschlossen oder der erwähnte Nachweis erbracht war. Die Literatur über diese Frage ist derart umfangreich, daß es sich nicht verlohnt, noch einmal in die Besprechung darüber einzutreten. Es bleibt nur der Schluß zu ziehen, daß das Reichsgericht seine Praxis vorkommendenfalls sicherlich in derselben Weise auf das DTG ausdehnen würde, wenn auch diese Praxis, die dem Effektentermingeschäft gegenüber immerhin eine gewisse Berechtigung haben mag, gerade dem DTG, wie auch ähnlich schon früher in vielen Fällen dem Warentermingeschäft, gegenüber geradezu widersinnig erscheinen muß. Der Differenzeinwand würde es ermöglichen, ein reelles Handelsgeschäft in eine Spekulation auf dem Rücken des Gegenkontrahenten zu verwandeln. Wieso ein DTG, bei dem von vornherein die Absicht bestand, es nicht zu „erfüllen", sondern durch ein Gegengeschäft zu decken, das also ohne weiteres unter den Differenzeinwand fällt, trotzdem ohne Spekulationsabsicht, ja zum Zwecke der Ausschaltung einer Spekulation, geschlossen sein kann, darüber wird bei der Behandlung der Kurssicherung zu sprechen sein. Nun ist allerdings durch Gesetz vom 23. Dezember 1920 der § 96 des Börsengesetzes in der Weise geändert worden, daß nunmehr 1. nicht nur ausländische Wechsel und Geldsorten, sondern auch Banknoten, Papiergeld, Auszahlungen, Schecks und Anweisungen bezüglich des Börsenterminhandels den Wertpapieren gleichgestellt sind und daß 2. die Reichsregierung die Befugnis hat, zu bestimmen, daß, sowie unter welchen Voraussetzungen und für welche Zeitdauer die Vorschriften des § 58

[1]) Vgl. Weisbart: „Vom Recht des Devisenhandels", Bankarchiv Bd. 20, S. 196.

des Börsengesetzes, der den Differenzeinwand ausschließt, auch auf das Börsentermingeschäft in nicht zugelassenen Wechseln und ausländischen Zahlungsmitteln Anwendung finden. Beide Vorschriften haben aber seiner Zeit nur geringe praktische Bedeutung, da der Beschluß des Börsenvorstandes vom 29. Juli 1914: „Eine Notierung von Terminkursen in Wertpapieren findet bis auf weiteres nicht statt" weder allgemein aufgehoben, noch durch die Wiedereinführung des Terminhandels in einzelnen Wertpapieren oder in Devisen abgeändert ist. Mithin kann sich der Kunde in vielen Fällen durch Erhebung des Differenzeinwandes von für ihn verlustbringenden Geschäften befreien, was für die Bank die Pflicht mit sich bringt, nicht nur die Zahlungsfähigkeit des Kunden zu prüfen, sondern auch seine Charakterfestigkeit und seine Auffassung von kaufmännischer Ehre.

γ) Schutzmaßnahmen der Bank. Bei der Betrachtung des Verhältnisses zwischen dem Kontrahenten bei einem Termingeschäft überhaupt und besonders bei einem Devisentermingeschäft wird man das eine nie aus dem Auge lassen dürfen, daß dieses Geschäft, das an und für sich ja ein reines Bar-Kaufgeschäft ist, wirtschaftlich ein Kreditgeschäft darstellt, und zwar ist der, zu dessen ungunsten sich der Kurs nach dem Abschluß entwickelt, Kreditnehmer, der andere Kreditgeber. Die Höhe des Kredites aber beschränkt sich nicht auf den Betrag der tatsächlich eintretenden Kursverschiebung, sondern umfaßt, und zwar für beide Kontrahenten, die gesamte praktische Möglichkeit derselben; der Unterschied ist der gleiche wie zwischen bewilligtem und in Anspruch genommenem Kredit. Für den Devisenhandel ist dieser Kredit nach den Erfahrungen der letzten Monate fast unbegrenzt. Die Bank ist also gezwungen, beim Abschluß eines DTG die Kreditfähigkeit des Kontrahenten einer sehr scharfen Prüfung zu unterziehen, und noch lange nicht jeder sonst Kreditfähige wird für würdig erachtet, ein DTG abzuschließen. Jedenfalls aber wird die Bank dafür zu sorgen haben, daß zwischen den laufenden DTG des Kunden und seiner Kreditgrenze bzw. der Höhe der gestellten Sicherheiten ein erheblicher Spielraum bleibt. Dadurch wird eine große Anzahl kleinerer Betriebe, ja ganze Industriezweige, von der Verwendung des DTG ausgeschlossen, so z. B. die Aachener Tuchindustrie in der überwiegenden Mehrzahl ihrer Betriebe[1]).

Über diese Auswahl der Kunden hinaus muß die Bank noch gewisse Sicherheitsvorkehrungen für die Zeit zwischen Abschluß und Abwicklung des DTG treffen und durch buchtechnische Maßnahmen eine Überwachung dieser Geschäfte ermöglichen. Die einfachste Art der

[1]) Vgl. Köln. Ztg. Nr. 551 vom 6. August 1922: „Aachen, die deutsche Tuchmetropole." Diese Tendenz hat sich übrigens in den letzten Monaten des Jahres 1922 noch verschärft.

Verbuchung der Termingeschäfte wäre sofortige Abrechnung mit dem Kunden mit Wertstellung auf den Erfüllungstag. Das bringt jedoch Nachteile mit sich infolge der Art der Überwachung der Konten, für die heute vielfach das Saldenbuch oder ähnliche Einrichtungen üblich sind. Hat der Kunde gekauft, so würde er am Abschlußtag auf laufender Rechnung, Wert Erfüllungstag, belastet, auf seinem Devisenkonto ebenso erkannt. Im Saldenbuch aber erscheinen beide Posten sofort; das hat zur Folge, daß einerseits bei einem Kauf des Kunden eine verfrühte Verfügung desselben über sein Devisenguthaben, bei einem Verkauf eine solche über sein Markguthaben leicht übersehen und gestattet werden kann. Andererseits wird dem Kunden beim Terminkauf die Verfügung über sein Markguthaben, beim Verkauf über sein Devisenguthaben — falls er ein solches besitzt — bereits beim Abschluß des Termingeschäftes entzogen, was er gerade durch Abschluß des Termingeschäftes zu vermeiden wünschte. Die Konsequenz daraus ist, daß die Bank dem Kunden nach dem Abschluß des Geschäftes dieses nur bestätigt und erst nach Erfüllung Abrechnung erteilt. Damit aber bleibt das Geschäft wieder außerhalb der Überwachung des Kontos. Einen Ausweg bietet die Sperrung des Kontos in einem gewissen Verhältnis zu dem Termingeschäft. Diese Sperrung hat aber den Nachteil der Starrheit. Wenn ein Kunde auf Termin gekauft hat, ihm 10% des Kurswertes auf seiner laufenden Rechnung gesperrt worden sind und der Kurs steigt, dann wird der Kunde die Sperrung mit Recht als unbillig empfinden, je mehr die Spannung zwischen Abschluß- und Tageskurs wächst. Hat der Kunde aber verkauft, so wird es leicht eintreten, daß die Sperrung, auch wenn sie nicht 10% sonden 50% des ausmachenden Betrages beträgt, nicht ausreicht, um die Spannung zu decken. Allgemein kann man sagen, daß, wenn der Vorteil aus dem Geschäft auf seiten des Kunden liegt, der Sperrbetrag als überflüssig und darum als lästig empfunden wird, da er Betriebskapitalien des Kunden zwecklos festlegt, wenn dagegen das Geschäft zum Nachteil des Kunden ausschlägt, der Sperrbetrag sehr leicht zur Deckung des Risikos einer Nichterfüllung nicht ausreicht. (Die Worte Vorteil und Nachteil sind hier natürlich ganz einseitig vom Gesichtspunkt der Kursentwicklung nach dem Abschluß des DTG gebraucht. Wie das Termingeschäft vom Gesichtspunkt des Kunden aus wirklich zu bewerten ist, davon später.) Prinzipiell müßten also bei jeder erheblichen Kursänderung die Sperrbeträge für sämtliche laufende Termingeschäfte verändert werden, was in der Praxis eine übermäßige Arbeit und bei der notwendig schematischen Handhabung dieser Veränderungen eine Quelle steten Ärgers für den Kunden sein würde. Daher haben heute in der Praxis nur noch wenige Banken dieses System, vor allem solche Banken, die auf dem Grundsatz einer zentralisierten Korrespondenz aufgebaut sind. Hier kennt der einzelne Korrespondent die von ihm bearbeiteten Kunden, er weiß, welche Kunden DTG abschließen, die Abschlußbestätigungen sind durch seine Hände gegangen, und er hat nun die Möglichkeit, die Besonderheiten des einzelnen Kunden wie des einzelnen Geschäfts zu berücksichtigen[1]).

Der zweite Weg ist der, daß dem Kunden sofort nach Abschluß des Geschäftes Abrechnung erteilt wird, ihm aber für diese Termingeschäfte besondere Konten errichtet werden. Wenn Ernst Müller am 3. April £ 200, lieferbar 3. Juli, zu 1400 verkauft, so wird ein Konto „Ernst Müller, Markterminkonto“ mit M. 280 000, Wert 3. 7., erkannt, ein Konto „Ernst Müller, Sterlingterminkonto“ mit £ 200, Wert 3. 7., belastet. Diese Terminkonten sind grundsätzlich gesperrt, niemals darf über ein solches Konto direkt verfügt werden. Das Bestehen der beiden Konten wird auf der laufenden Rechnung des Kunden vermerkt; der Saldenbuchhalter hat, wenn nach dem Saldo des Kunden gefragt wird, diese beiden Konten gesondert mitanzugeben, und derjenige Beamte, der die Anweisung über eine Auszahlung oder dergleichen zu geben hat, kann nun je nach der augenblicklichen Lage des Kunden wie des Valutamarktes und der Wirtschaft überhaupt seine Entscheidung ganz den Umständen anpassen. Diese Art der Verbuchung ermöglicht eine durchaus individuelle Behandlung des Kunden auch nach dem Abschluß des Termingeschäftes unter voller Wahrung der Kontenüberwachung. Zum Fälligkeitstage des DTG erfolgt dann Übertragung des Markterminkontos auf die laufende Rechnung und des Sterlingterminkontos auf das Währungskonto des Kunden. Besitzt der Kunde kein Währungskonto, so wird der Betrag vom Sterlingterminkonto für den Kunden auf Sterlingwährungskonto pro diverse übertragen, wo er als Debetposten der Lieferung gegenübertritt, bzw. wo der Kunde über ihn verfügen kann. Ein anderer Ausgleich der Terminkonten als durch Übertragung auf laufende Rechnung bzw. Währungskonto ist grundsätzlich ausgeschlossen[2]).

$\delta$) Das Risiko des Nostro-Geschäftes der Bank. Dieselbe Gefahr wie von seiten ihrer Kunden droht der Bank natürlich auch

[1]) Die Reichsbank hält an ihrer im Wechselverkehr alterprobten Einrichtung fest: Sie führt neben dem Wechselobligobuch ein Devisenobligobuch. Will ein Kunde ein Wechsel- oder Devisengeschäft mit ihr abschließen, so werden Wechsel- und Devisenobligobuch nachgesehen, die sich ergebenden schwebenden Geschäfte des Kunden zusammengerechnet und mit der Obligogrenze des Kunden verglichen.

[2]) Ein besonderer buchungstechnischer Vorteil der sofortigen Verbuchung der DTG auf Sperrkonten ergibt sich daraus, daß hierbei das Devisenskontro ohne weiteres nach Einsetzung des Devisenbestandes den Gewinn ergibt, während bei Verbuchung der DTG bei Fälligkeit zur Feststellung des Gewinnes erst die laufenden DTG besonders aufgesucht, bewertet und eingesetzt werden müssen.

aus ihren Nostro - Geschäften, wie ich die Arbitragegeschäfte und die Geschäfte nennen möchte, die sie abschließt, um das durch die Kundengeschäfte entstehende direkte Kursrisiko auszuschalten, bzw. um ihre eignen Zahlungsverpflichtungen und Guthaben durch Kostgeschäfte zu „schieben". Sie wird daher solche Geschäfte nur mit Bankfirmen von zweifellosem Ruf machen. Im Anfang ging diese Vorsicht sogar so weit, daß noch im Sommer 1921 nur die Großbanken untereinander und mit den größten Privatbankiers solche Geschäfte abschlossen. Inzwischen ist man etwas weitherziger geworden; jetzt haben auch die mittleren und kleineren Bankfirmen, soweit sie guten Ruf besitzen, Gelegenheit zu solchen Geschäften. Aber Firmen von nicht ganz einwandfreiem Ruf gegenüber ist man außerordentlich vorsichtig, so sehr, daß z. B. manchen Firmen sogar bei einem Verkauf von Kassadevisen nicht einmal die übliche Auszahlung drei Tage nach Abschluß geliefert wird, die dann ebenfalls drei Tage nach Abschluß zu bezahlen wäre; sondern man liefert einen Scheck, der sofort bezahlt werden muß, weil man ihnen nicht einmal die drei Reisetage Kredit gewähren will.

Vergleiche hierzu den § 23 Absatz 3 der Satzung der Berliner Devisenabrechnungsstelle[1]): „Bei Geschäften in amtlich notierten Devisen zwischen Mitgliedern (der Devisenabrechnungsstelle) und anderen Berliner Banken und Bankiers ist der Gegenwert eines Verkaufes eines Mitglieds sofort einzuziehen, während beim Kauf eines Mitgliedes der Preis erst nach Eingang der Devisen zu entrichten und für die Kursdifferenz angemessene Deckung zu fordern ist."

Nach Abschluß des DTG sind hier weitere Sicherungsmaßnahmen natürlich nicht möglich, die Geschäfte werden ebenso verbucht wie die Geschäfte der Kunden, der Unterschied der beiden Buchungsarten wird aber praktisch bedeutungslos.

**3. Die Spekulation des Devisenhändlers.** Die Möglichkeit der Sicherung der Bank gegen Verluste aus DTG ist also nach außen hin in genügendem Maße gegeben. Es droht aber der Bank noch eine andere Gefahr. Diese Gefahr ist zwar keine, die besonders aus dem DTG entsteht, sie trifft vielmehr das Devisengeschäft überhaupt, jedoch berührt sie immerhin das DTG stark und wird außerdem erst durch dieses, d. h. durch die Möglichkeit, ein Engagement wieder und wieder zu schieben, so ungeheuer groß, so daß es angezeigt erscheint, sie an dieser Stelle zu erwähnen.

Es ist die Gefahr von innen heraus, von ihrem eignen Devisenhändler. Wir haben oben gesehen, wie sich aus den kleinen Spitzenbeständen der Bank und aus der Handhabung in der Deckung der einzelnen Geschäfte häufig Gewinne, manchmal auch Verluste aus den Kursveränderungen ergeben. Nun ist es nicht ganz einfach, die Grenze

[1]) Abgedruckt im Novemberheft 1921 des Zahlungsverkehrs, S. 296ff.

zwischen erlaubter und unerlaubter Höhe und Dauer des Risikos zu ziehen. Dazu kam, daß Ende 1920 oder Anfang 1921 die Organisation des Devisenmarktes und die Innenorganisation der Devisenabteilungen noch nicht so ausgebildet und die sich ergebenden Fragen noch nicht so durchgedacht waren wie heute. Das in dieser Ausdehnung neue Devisengeschäft lag infolge der Überlastung der anderen, alten Abteilungen und der in ihnen beschäftigten älteren Beamten damals vielfach in den Händen junger, 22—25jähriger Leute, die oft nicht die nötige Charakterfestigkeit mitbrachten. Die Direktionen, gleichfalls überlastet und mit dem neuen Devisengeschäft nicht genügend vertraut, aber über die sich aus ihm ergebenden Gewinne sehr erfreut, ließen ihnen freie Hand, und so kam es, menschlich durchaus verständlich, dazu, daß diese ehrgeizigen jungen Leute, durch ihre Erfolge kühner gemacht, Engagement auf Engagement häuften, und, nachdem vielleicht ein paarmal kleinere — durch ein „Sitzenbleiben" an einem Tage — über Nacht drohende Verluste durch eine Tendenzänderung am anderen Tage — vielleicht auch eine leichte Beeinflussung des Marktes am frühen Morgen — vermieden worden waren, dazu übergingen, Verluste, die doch einmal entstanden, durch Schieben des Engagements durchzuhalten oder durch Daraufhäufung neuer Engagements zu kompensieren, bis der Händler rettungslos in seine Geschäfte verstrickt und das Unglück da war.

Das gezeichnete Bild gilt nicht etwa nur für die Fälle, die besonderes Aufsehen erregt haben, Duim in Wien (der übrigens nicht Angestellter, sondern selbständiger Spekulant war), Römer bei der Pfalzbank und den Fall des Allgem. Bankvereins oder für die sonst noch infolge von Devisenverlusten zusammengebrochenen kleineren Banken. (Ich nenne nur: Im Juni 1921 Rogall, Schlüter & Co., Hamburg; im Oktober 1921 Jaques Steinschneider, Hamburg und Richard Weil in Ludwigshafen; im November 1921 Paul Mayer & Cie., Köln; im Dezember 1921 Bruno Rasch, Berlin; Harff & Thomé, Köln; Köhler, Borchard & Marum, Hamburg.) Sondern es gilt auch für eine Reihe anderer Firmen, bei denen die Sache glimpflich verlaufen ist, weil vielfach der vorherige Gewinn die Verluste noch überstieg, wie bei der Essener Kreditanstalt, Essen[1]) und bei der Kölner Filiale des Bankhauses C. H. Kretschmar[2]). Ja, es ist anzunehmen, daß derartige Verluste bei einer ganzen Reihe von Firmen seiner Zeit entstanden sind, vor allem im Sommer/Herbst 1921, ohne daß diese bekannt geworden sind, wenn ich auch nicht so weit gehen möchte, wie Direktor Jötten von der Essener Kreditanstalt, der in der Generalversammlung, in der jene Verluste zur Sprache kamen, den Ausdruck gebrauchte, solche Verluste

[1]) Köln. Zeit. No. 872a vom 22. Dezember 1921.

[2]) Bank, Februar 1922, S. 128.

seien, „wie fast allenthalben" auch bei der Essener Kreditanstalt eingetreten. So hielt sich im April 1922 hartnäckig das Gerücht von starken Verlusten bei der Essener Filiale der Darmstädter Bank; auch die Verluste der Depositenkasse Ludwigshafen-Nord der Pfälzischen Bank[1]) wären nicht zur Kenntnis der Allgemeinheit gelangt ohne den Zusammenbruch infolge der Münchener Spekulationen.

Gegen diese Devisenverluste helfen nur eine sorgfältige Auswahl der Devisenhändler selbst, ferner genaue Anweisungen über die Art der Geschäftshandhabung und eine scharfe Kontrolle. Zum Devisenhändler gehört wie zu jedem Börsenhändler eine Persönlichkeit mit raschem Denken, blitzschneller Entschlußfähigkeit, einer gewissen Begabung im Rechnen, vor allem Kopfrechnen, was sich bis zu gewissem Grade durch Übung erlernen läßt. Vor allem aber braucht der Devisenhändler eine unbedingte Festigkeit des Charakters; der Posten des Devisenhändlers, mindestens des ersten Devisenhändlers, gehört zu den ersten Vertrauensstellungen im Bankbetrieb. Sehr viele Verluste sind darauf zurückzuführen, daß man diese Gesichtspunkte außer acht gelassen hat. Dem Devisenhändler muß genau vorgeschrieben werden: So und so hoch dürfen die Spitzenbestände in den einzelnen Währungen sein, sobald diese überschritten sind, muß unverzüglich glattgestellt werden und zwar ohne Rücksicht darauf, ob im Einzelfalle ein Verlust darauf ruhe. Die Art der Geschäftsabwicklung, wie sie durch diese Vorschriften veranlaßt wird, erfordert freilich noch mehr wie die zuerst geschilderte, daß der Devisenhändler in jedem Augenblick genau im Bilde ist, wie der gesamte Markt, sowohl der am Ort, wie der internationale, liegt. Denn da bei dieser Art der Geschäftsführung die Gewinne am einzelnen Geschäft immer nur klein sein werden, muß nunmehr jeder Verlust sorgfältig vermieden werden. So kommt es, daß die Devisenabteilungen besonders der Großbanken allmählich zu umfangreichen Apparaten anschwellen. Es erledigt nicht mehr ein einzelner Devisenhändler die gesamten Geschäfte, sondern es teilen sich zwei oder mehrere in dieselben; hier und dort werden ihnen noch ein oder mehrere Hilfshändler zur Seite gestellt, die ebenfalls Geschäfte abschließen, aber nur nach Anweisung der Haupthändler. Dazu kommen ein oder mehrere Positionsführer, die die Bestandstaffeln oder Positionsbücher zu führen haben. Diese Händler stehen durch ein ganzes Netz von Telephonleitungen, oft 30 und mehr, dauernd mit anderen Banken am Platze oder mit anderen Orten des Inlandes, vor allem aber mit dem Auslande, in Verbindung. Jeden Augenblick laufen Geschäftsangebote ein, so daß der Devisenhändler ständig über die Lage des Marktes unterrichtet ist und einerseits vor dem Abschluß jedes Geschäftes den Preis genau kennt, zu dem er das Geschäft machen kann, andererseits jedes

[1]) Frankfurter Zeitung Nr. 133 vom 18. Februar 1922.

abgeschlossene Geschäft sofort auch decken kann. Er ist somit im allgemeinen in der Lage, den oben erwähnten Vorschriften nachzukommen. Ist einmal die Lage unausgesprochen und geschäftslos, aber kritisch, was bisweilen für Stunden vorkommt, so muß der Devisenhändler ihm von den Kunden angebotene Geschäfte eben für den Augenblick zurückweisen oder in Kommission nehmen.

## II. Die Abwicklung des Devisentermingeschäftes.

### a) Im allgemeinen.

Über die Abwicklung des DTG ist nichts besonderes zu sagen. Sie geht aus dem bisher Gesagten hervor. Jeden Tag stellt der Devisenkorrespondent nach dem nach Fälligkeitstagen geordneten Devisenverfallbuch (vgl. S. 25) fest, welche Auszahlungen an diesem Tage aus den früher abgeschlossenen DTG zu veranlassen sind, wobei zu beachten ist, daß die (brieflichen) Anweisungen an die Korrespondenten rechtzeitig hinausgehen müssen, d. h. von Köln aus bei Auszahlung Paris, London, Brüssel, Amsterdam, Zürich 2 Tage vor Fälligkeit, bei den nordischen Staaten und Spanien 3—4 Tage, bei Neuyork mindestens eine Woche, oder bei letzterer, falls die Anweisung per Kabel gegeben werden soll, auch nur einen Tag vorher. Ist die Abrechnung mit dem Kunden sofort nach Abschluß des Geschäftes erfolgt und auf Terminkonten verbucht worden, so hat der Devisenkorrespondent gleichzeitig die Übertragung von diesen Konten auf die laufende Rechnung des Kunden und sein Währungskonto zu veranlassen (vgl. S. 30). Ist die Abrechnung und Verbuchung dagegen noch nicht erfolgt, so hat der Korrespondent nunmehr diese zu veranlassen. Ebenso hat der Korrespondent bei DTG mit anderen Banken am gleichen Platze für die Einziehung der geschuldeten Gegenwerte von diesen zu sorgen bzw. die von ihnen eingehenden Rechnungen zu prüfen und anzuweisen.

Die Verbuchung eines Kostgeschäftes und seine Abwicklung erfolgt in einfacher Weise durch Zerlegung in seine beiden Bestandteile, indem z. B. eine Kosthereinnahme als Kassakauf und Terminverkauf ins Devisenverfallbuch eingetragen und abgewickelt wird.

### b) Die Prolongation.

Grundsätzlich muß jedes DTG bei Fälligkeit erfüllt werden; wird es nicht erfüllt, so schreitet die Bank zur Exekution, d. h. sie kauft den geschuldeten Devisenbetrag, bzw. verkauft die nicht abgenommenen Devisen für Rechnung des Kontrahenten im Markt. Nun kann es leicht vorkommen, daß der Kunde etwa Devisen, die ihm aus einem abgeschlossenen Warenverkauf nach 3 Monaten zufließen sollen, auf Termin verkauft, die Ablieferung der Ware oder der Eingang der

Devisen sich aus irgendeinem Grunde etwas verzögert und der Kunde die Devisen nicht rechtzeitig liefern kann; er weiß aber, daß er sie bestimmt noch erhalten wird, und ist auch der Bank für den Betrag gut. Dann wird die Bank ihm das DTG prolongieren, indem sie „das Engagement schiebt“. Der Vorgang ist bereits besprochen worden: Es handelt sich bei Schiebung eines Terminkaufes um einen Verkauf per Kasse und Rückkauf auf Termin, bei Schiebung eines Terminverkaufes um Kauf per Kasse und Wiederverkauf auf Termin. Während aber eine solche Schiebung unter Banken stets zum Mittelkurs der Börse verrechnet wird (vgl. S. 20), abgesehen von dem Schiebungssatz, wird dem Kunden der Kauf zum Briefkurs, der Verkauf zum Geldkurs abgerechnet, so daß der Verdienst der Bank sich hieraus, wieder vom Schiebungssatz abgesehen, auf 2‰ stellt. Dazu berechnet die Bank häufig noch eine Provision von $^1/_2$%.

Diese Art der Prolongation, die auch beim Effektentermingeschäft im Reportgeschäft üblich war, hat noch die Wirkung, daß die Differenz zwischen dem Abschlußkurse des ursprünglichen DTG und dem Tageskurse zur Zeit der Schiebung nicht mehr in der Buchung des Devisenbetrages auf dem Währungsterminkonto des Kunden verborgen ruht und den Kunden nicht direkt trifft, sondern nunmehr vermittels des Kassageschäfts der Schiebung sich offen auf der laufenden Rechnung auswirkt.

Beispiel: Der Kunde möge der Bank am 13. Dezember 1921 fl. 1000 zu M. 6700 per 13. März 1922 verkauft haben. Dann sind ihm auf Markterminkonto per 13. März 1922 M. 67 000 gutgeschrieben worden. Am 13. März 1922 kann der Kunde nicht liefern, das Engagement wird geschoben. Der Berliner Kurs an diesem Tage war 9894,80/9855,20. Der Kunde wird somit (den Schiebungssatz lasse ich hier beiseite) auf lfd. Rechnung erkannt für Übertrag von Markterminkonto mit . . . . . . . . . . . . . . . . . . . . M. 67 000,—
und belastet für per Kasse gekaufte fl. 1000 zu M. 9894,80 : . . . . . . . . . . . . . . . . . . M. 98 948,—
mithin zeigt sich auf seinem Konto ein zeitweiliger Verlust von . . . . . . . . . . . . . . . . . M. 31 948,—,
das Markterminkonto weist eine Gutschrift auf von fl. 1000 zu 9855,20 = M. 98 552.

Sobald der Kunde die Gulden liefert, wird dieser Betrag ebenfalls auf lfd. Rechnung übertragen, und der Verlust gleicht sich bis auf die 2‰ Geld-Briefspannung von M. 396 wieder aus.

Bei der geschilderten Kursentwicklung trifft den Kunden die bereits früher besprochene Gefahr eines Verlustes für den Fall, daß er die Devisen überhaupt nicht erhält, und — da die Wahrscheinlichkeit des Eintretens eines solchen Verlustes und damit einer Rückwirkung auf die Bank im Falle einer Prolongation schon erheblich gewachsen ist — ist es der Bank erwünscht, daß dieser Verlust schon sofort auf dem Konto des Kunden erscheint. Umgekehrt würde bei sinkendem Kurs bei der Prolongation auf dem Konto des Kunden ein Gewinn für diesen erscheinen, der zwar bei Lieferung auch kein wirklicher Gewinn des Kunden (in Mark ausgedrückt) ist, dessen Freigabe aber der Bank Schaden nicht bringen kann, da im Falle der Nichtlieferung, gleichbleibende Kurse vorausgesetzt, dieser Gewinn zu einem wirklichen würde. Beim Terminkauf gestalten sich die Verhältnisse in der gleichen Weise. Ein näheres Eingehen auf die Technik der Verbuchung des DTG erübrigt sich an dieser Stelle, da diese in der vorliegenden Schriftenreihe bereits in der Arbeit von Krawinkel: „Das Devisengeschäft im Bankbetriebe" eingehend gewürdigt ist.

## B. Die Theorie des Devisentermingeschäftes.

### I. Der Terminsatz.

Es mag bei den bisherigen Betrachtungen über die Technik des DTG aufgefallen sein, daß von der in der Einleitung erwähnten, den Bankkunden für Termingeschäfte berechneten Risikoprämie nicht mehr die Rede war. Das hat seine guten Gründe. Die Fragen, die an diesen Punkt anknüpfen, gehen so weit über die Technik selbst hinaus, sind mit dem gesamten volkswirtschaftlichen Leben so eng verknüpft, daß es eine Unterbrechung des Gedankenganges gewesen wäre, wenn diese Fragen dort mit behandelt worden wären. Ja, man darf sagen, daß diese Fragen gewissermaßen die Theorie des DTG darstellen, weil sie den Knotenpunkt bilden, in dem alle die Wirkungen zusammenlaufen, die das DTG von der Einzelwirtschaft auf den Geld- und Devisenmarkt und umgekehrt ausübt, das Manometer, das die Spannungen zwischen Geldmarkt und Devisenmarkt anzeigt.

#### a) Begriff und Wesen des Terminsatzes.

Was in der Einleitung als Risikoprämie beim DTG bezeichnet wurde, nämlich der Unterschied zwischen dem Preise, zu dem die Bank ein Termingeschäft abschließt oder abschließen würde, und dem Preise, zu dem sie im gleichen Augenblick und mit dem gleichen Kontrahenten ein gleiches Kassageschäft abschließen würde, das soll im folgenden „Terminsatz" genannt werden. Der Terminsatz ist also die Kursdifferenz zwischen einem tatsächlichen Termingeschäft und einem gedachten Kassageschäft gleicher Richtung, die Vergütung, die einer der Kontrahenten eines Devisengeschäftes für die Hinausschiebung der Erfüllung zahlt; dagegen ist der im vorigen Teil bereits eingehender besprochene Schiebungs-(Report-)satz die Kursdifferenz zwischen einem tatsächlichen Kassageschäft und einem tatsächlichen Termingeschäft entgegengesetzter Richtung, die Vergütung, die der eine Kontrahent eines Schiebungsgeschäftes dem anderen entweder für das Leihen von Devisen oder für das Leihen von Geld zahlt. Das Termingeschäft ist ein Kaufgeschäft, dagegen das Schiebungsgeschäft seinem Wesen nach ein doppeltes Leihgeschäft (auf der einen Seite über Geld, auf der anderen über Devisen), obwohl das letztere sich in die Form eines Kaufs mit Rückkauf kleidet.

Der Terminsatz tritt daher als solcher zahlenmäßig sehr selten in Erscheinung; denn dem Kontrahenten wird als Kurs in der Regel nicht der Kassakurs und dazu der Terminsatz genannt, sondern beides in einem („Terminkurs"). Bei der Abrechnung des Geschäftes wird der Terminsatz niemals erwähnt, auch unter Banken nicht; die Abrechnung erfolgt zum Abschlußkurse, der den Terminsatz einschließt. Die Folge ist, daß in der Regel schon der Kontrahent beim Abschluß des Geschäftes nicht genau sagen kann, wie hoch der Terminsatz ist, den der andere berechnet, da die Schwankungen des Kassakurses von Minute zu Minute häufig mehr ausmachen als den ganzen Terminsatz. Aus einer Aufzeichnung über einen abgeschlossenes Termingeschäft später auf den Terminsatz schließen zu können, ist ebenfalls unmöglich, da man nur den Terminkurs (d. i. Kassakurs + Terminsatz) vor sich hat.

**1. Der Terminsatz als Risikoprämie.** Was ist nun der eigentliche Sinn dieses Preisunterschiedes zwischen Kassa- und Termingeschäft, und wie kommt er zustande? Wir haben bereits in der Einleitung gesehen, daß er ursprünglich als reine Risikoprämie gedacht war, die sich die Bank für die Gefahren berechnete, die ihr aus diesem Geschäft erwuchsen. Der Satz betrug 1—$1^1/_2$% vom Kursbetrag[1]), der bei Terminkäufen der Bank vom Kurse abgezogen, bei Verkäufen zugeschlagen wurde. Schmaltz[2]) gibt an: „Für eine der Berliner D-Banken gelten zur Zeit (d. i. nach dem Erscheinen des Buches zu urteilen, etwa Mai—Juni 1921) bei großen Beträgen und für erstklassige Firmen folgende Bedingungen:

> Der Abschlag, zu dem Devisen auf spätere Termine von den Kunden verkauft werden können, beträgt z. Z. bei hfl. etwa $^3/_4$%, $ etwa $^7/_8$%, fr. Fr. etwa $^3/_4$%, n. Kr. etwa $^3/_4$%, £ etwa $^7/_8$% pro Monat, während bei Terminkäufen auf hfl. etwa $^1/_4$%, $ etwa $^3/_8$%, fr. Fr. etwa $^3/_8$%, n. Kr. $^3/_8$%, £ etwa $^3/_8$% pro Monat zum Tageskurs zugeschlagen werden.

Dazu ist zu bemerken, daß es sich hier anscheinend um besondere Vorzugsbedingungen handelt, wie aus dem Wortlaut hervorgeht.

[1]) Damals wurde er stets in dieser Form angegeben, später meist in Mark pro Notierungseinheit (100 Fr., 1 £). Jedoch ist in dieser Arbeit durchgehend die Prozentbezeichnung beibehalten, weil sie allein vergleichbare Ziffern bietet. Die angeführten Sätze gelten stets für den Termin von 1 Monat, bei 2 Monaten wird der doppelte, bei 3 Monaten der dreifache Satz berechnet. Bei längeren Terminen, besonders wenn sie über 6 Monate hinausgehen, treten in der Regel andere Sätze ein.

[2]) Valutarisiko S. 81.

Jedenfalls wurde in Köln den Kunden bei Devisenterminverkäufen noch im Juni 1921 ein Kursabschlag von 1% berechnet. Die Mitteilung der Reichsbank[1]), daß die Kunden bei fast allen Banken die Möglichkeit hätten, Devisen mit nur $^1/_2$% pro Monat Kursabschlag auf Termin zu verkaufen, scheint nur beschränkte Gültigkeit gehabt zu haben. Im Laufe des Juli 1921 ist allgemein die Herabsetzung des Terminsatzes auf $^1/_2$% erfolgt, zum guten Teil wohl infolge eines mehr oder minder sanften Druckes von seiten der Reichsbank.

**2. Der Terminsatz als Gebühr.** Der innere Grund für die Herabsetzung ist wohl der gewesen, daß der Terminsatz infolge der nach und nach eingetretenen Festigung der Verhältnisse, der Erweiterung des Marktes und Ausbildung der Sicherungsmaßnahmen sowie der vorsichtigen Politik der Banken mehr und mehr den Charakter der Risikoprämie verloren hatte und zu einer einfachen Gebühr geworden war.

Um zu zeigen, daß es sich tatsächlich so verhielt, und daß nicht etwa besondere Zinsenkosten oder dergleichen in diesem Terminsatz steckten, ist es erforderlich, auf die früher (S. 14ff.) behandelte Deckung der von der Bank abgeschlossenen DTG zurückzugreifen. Deckte die Bank das DTG durch ein anderes DTG mit gleicher Fälligkeit, so waren die Terminsätze aus beiden Geschäften reiner Gewinn[2]). Deckte die Bank durch ein Kassageschäft (oder ein Termingeschäft mit anderer Fälligkeit — letzteres lasse ich, da es nur eine Abschwächung oder Umkehrung der Wirkung einer Kassadeckung veranlaßt, außer Betracht), so entstand, wenn man das Geschäft für sich betrachtet, durch einen Terminverkauf der Bank für die Laufzeit des Termingeschäftes ein Devisenguthaben im Ausland, und eine Markschuld im Inland, durch einen Terminkauf eine Devisenschuld im Ausland und ein Markguthaben im Inland. Beides bedeutete eine Veränderung des Gewinnes um die Differenz zwischen den Sollzinsen und den Habenzinsen, das eine Mal zwischen den Sollzinsen im Inland und den Habenzinsen im Ausland, das andere Mal zwischen den Sollzinsen im Ausland und den Habenzinsen im Inland. Die Auslandszinsen betrugen für die Bank, da sie im Auslande als Kunde der dortigen Banken auftrat, die ihr für Guthaben die üblichen Kreditzinsen, für Verbindlichkeiten die üblichen Debetzinsen berechneten, zum Beispiel in England ca. 3% im Kredit, 6% im Debet; die Zinsen im Inland wird man, wenn man in Betracht zieht, daß die durch diese Geschäfte entstehenden Kapitaldifferenzen[3]) wohl haupt-

[1]) Köln. Zeit. Nr. 451 vom 24. Juni 1921.

[2]) Voraussetzung bei dieser und den folgenden Darlegungen ist, daß keinerlei Verluste durch Nichterfüllung eintreten.

[3]) Terminverkäufe der Bank bewirken durch die Bezahlung der erforderlichen Kassadeckungskäufe eine Verminderung der flüssigen Mittel, Terminkäufe durch die Kassadeckungsverkäufe eine Vermehrung derselben.

sächlich auf den Schatzwechselbestand übernommen wurden, mit $4^1/_2\%$ im Kredit und 5% im Debet ansetzen dürfen. Rechnet man so, dann ergibt sich für den Terminverkauf eine Gewinnminderung von 2% pro Jahr, für den Terminkauf eine von $1^1/_2\%$ pro Jahr.

Natürlich sind diese Zahlen ziemlich willkürlich gewählt, sie verändern sich nicht nur mit der Marktlage sowohl des Inlandes wie auch des Auslandes, sondern sogar mit dem Status der Bank selbst, d. h. mit der Art, wie sie die erforderlichen Zusatzkapitalien aufbringt bzw. die Zusatzguthaben verwendet. Die Beispiele vermögen also nur die Richtung anzugeben, in der die Tatsachen treiben; sie dienen nur dazu, die aufgestellten Sätze zu versinnlichen. Die wirklichen Zahlen sind von Bank zu Bank und von Fall zu Fall verschieden und können vielleicht nicht einmal immer von der Bank selbst für den einzelnen Fall mit unbedingter Sicherheit angegeben werden.

Das dargestellte Bild wird durch 2 Tatsachen verschoben: 1. bisher ist das einzelne Geschäft isoliert angenommen; in Wirklichkeit steht es zusammen mit vielen anderen. Die Erscheinung der Kompensation, die bereits auf S. 15ff besprochen worden ist, tritt in Wirkung. Nur die täglichen Auszahlungssalden vermögen noch den Gewinn zu beeinflussen. Je größer die Zahl der DTG, um so geringer in verhältnismäßig normalen Zeiten, wie sie bei der Entstehung des DTG noch bestanden, der Einfluß, den die Auszahlungssalden auf den Gewinn des einzelnen Geschäftes auszuüben vermögen. Sollte es wirklich einmal vorkommen, daß infolge besonderer, aus dem Rahmen der übrigen Geschäfte herausfallender Transaktionen ein erheblicher Saldo entsteht, so hat die Bank es in der Hand, je nach Umständen den Saldo entweder durch eine Schiebung zu beseitigen, oder für dieses Sondergeschäft auch Sonderbedingungen zu stellen, die einen etwaigen Gewinnausfall decken. 2. Wie ebenfalls bereits angedeutet (S. 16), werden auch diese Salden, sofern es Debetsalden sind, in ihrer Wirkung gehemmt durch die Devisenguthaben der Kunden. Die Bank hat für die Debetsalden aus ihren täglichen Auszahlungen nicht die Debetzinsen an die ausländische Bank zu zahlen, sondern nur die Habenzinsen an ihre Kundschaft, so daß hier aus einem Verlust sogar ein Gewinn wird, da der Zinsgewinn aus dem Markguthaben der Bank den Zinsverlust aus der Devisenschuld übersteigt. Freilich muß man berücksichtigen, daß der Bank auch der Gewinn, den sie sonst aus diesem Devisenguthaben ihrer Kunden hätte ziehen können, entgeht. Aber wie gesagt, die Beträge kommen wegen ihrer Geringfügigkeit im Verhältnis zum Umsatz in normalen Zeiten nicht in Betracht. Die Schlußfolgerung: Der Terminsatz war für die Bank, abgesehen von dem durch die vermehrten Buchungen erhöhten Unkosten, reiner Gewinn, stellte also eine für den Abschluß des DTG erhobene Gebühr (Provision) dar.

**3. Der Terminsatz als Marktpreis.** Dieser Charakter einer im allgemeinen feststehenden und sich nur hier und da je nach der besonderen

Qualität des einzelnen Geschäftes ändernden Gebühr ging jedoch dem Terminsatz in kurzer Zeit wieder verloren; er begann sehr bald, sich in kurzen Zeiträumen auf und ab zu bewegen und zeigte alle Erscheinungen einer von dem schwankenden Spannungsverhältnis von Angebot und Nachfrage bestimmten marktmäßigen Preisbildung. Wie kam das?

**4. Der Reportsatz.** Der Herbst 1921 brachte eine Devisenhausse in einer solchen Form, wie man sie bis dahin nicht gekannt hatte, und in ihrem Gefolge ein zeitweise völliges Versagen des Angebots am Devisenmarkt. Mit diesem Materialmangel kam das Schiebungsgeschäft in Devisen in Übung, dessen Entstehung und Form auf S. 18ff. eingehend beschrieben wurde. So wie die Verhältnisse damals lagen, war es nicht nur gewinnbringend, vorhandene Devisenbestände zu reportieren, sondern es lohnte sich sogar für die Banken, sich im Ausland Kredite eröffnen zu lassen, um sie diesem Zwecke zuzuführen; ob sie nun diese so erworbenen Devisenbeträge selbst wieder reportierten oder ob sie sie zunächst auf Termin nochmals ankauften, um sie dann per Kasse fest abzugeben, ist gleichgültig. Dem Kunden wurde damals für die von ihm reportierten Devisen eine Vergütung berechnet, die der Differenz zwischen dem Habenzinssatz der deutschen Banken und dem durchweg höheren derjenigen ausländischen Banken, in deren Währung das Geschäft abgeschlossen wurde, entsprach. Außerdem hatte der Kunde den Vorteil, daß er das in den Devisenguthaben festgelegte Kapital frei bekam, ohne die Devisen aufzugeben. Die Folge war, daß bald ein erhebliches Angebot an Leihdevisen herauskam[1]), und sich das Reportgeschäft rasch einbürgerte. Als Ende November 1921 die drängende Nachfrage nach Devisen nachließ, hörte das Angebot an Leihdevisen nicht etwa auf, vielmehr den Besitzern von Devisenguthaben war nach wie vor daran gelegen, ihre Kapitalien frei zu bekommen, sie boten also ihre Devisen auch fernerhin an. Folge: Der Reportabschlag verringerte sich, ja er schlug im März 1922 zeitweilig für Devisen London und Neuyork, auf kurze Augenblicke auch für Holland, in einen Aufschlag um: Der Reportsatz war einer wechselnden Preisbildung unterworfen. Heute besteht ein regelrechter Schiebungsmarkt[2]).

Es erscheint angezeigt, hier eine nähere Erläuterung der Wirkung von Angebot und Nachfrage am Schiebungsmarkt auf den Reportsatz selbst einzuflechten. Wie auf S. 20 erörtert, wurde der Schiebungssatz anfänglich von dem Rückkaufkurse der verliehenen Devisen abgezogen (als solcher Report genannt), er stellte also einen Erlös des Hineingebenden dar. Wurde die Nachfrage nach Devisen drängend, so mußte der Hereinnehmende dem Hineingebenden einen größeren Abschlag

[1]) Vgl. Bank 1921, S. 706.
[2]) Vgl. Frankfurter Zeitung Nr. 470 vom 27. Juni 1922.

bewilligen als vorher: Nachfrage am Schiebungsmarkt (Devisen) steigert den Reportabschlag, und Angebot senkt ihn[1]). Heute ist das bewegende Motiv am Schiebungsmarkt die Geldknappheit: Es wird Geld auf Devisen gesucht; das bedeutet, da die technischen Ausdrücke sich auf die Devisenseite beziehen, Angebot am Schiebungsmarkt, Senkung des Reportabschlages (Steigerung des Deport-Zuschlages bzw. des Reports im üblichen Sinne). Bei dem früheren Effektenreportgeschäft war die Sache folgendermaßen: Dort bezeichnete Report Kursaufschlag; aber die technischen Ausdrücke, so Angebot und Nachfrage, galten hier der Geldseite; wer Effektenreport nachfragte oder anbot, das war der Geldsucher bzw. Geldbesitzer, so daß hier Nachfrage nach Geld den Reportsatz steigerte und Angebot von solchem ihn senkte.

Wäre die Struktur des Effektenmarktes dieselbe gewesen wie die des heutigen Devisenmarktes, so wäre die Folge eines Stückemangels am Effektenreportmarkt die gewesen, daß sich das Suchen nach Stücken seitens der Baissiers in einem (Geld-) Angebot am Reportmarkt geäußert und den Reportsatz gesenkt oder in Deport verwandelt hätte. Diese Wirkung kam aber in dieser Form deswegen nicht so stark zum Ausdruck, weil für die Stückeseite des Effektenreportgeschäftes der Gesamtmarkt in viele kleine, untereinander nur in losem Zusammenhang stehende Märkte für die einzelnen Werte zerfiel. Der Stückemangel bestand nur in einem oder einigen Werten, für die dann ein Deport gezahlt wurde, während auf dem übrigen Reportmarkt höchstens die Wirkung auftrat, daß das von jenen Einzelmärkten herströmende Geld das Angebot schwach vermehrte, also den Reportsatz, wenn überhaupt, nur wenig senkte. Die in der Regel einheitliche Kursbewegung der Devisen gegenüber der Mark hat dazu geführt, daß der Devisenreportmarkt auch von der Stückeseite her einheitlich ist.

**5. Terminsatz gleich Reportsatz.** Zurück zum Terminsatz: Sobald das Schiebungsgeschäft eine marktmäßige Ausdehnung angenommen hatte, war das DTG eng mit dem Schiebungsmarkt verknüpft, da ja die Bank nun die sich aus ihrer Deckungspolitik im DTG ergebenden Auszahlungssalden (unter Berücksichtigung der Liquidität ihrer Devisenbestände und -verpflichtungen) auf dem Schiebungsmarkt deckte. Jedes

[1]) Wenn im folgenden vom Report (Abschlag) die Rede ist, so ist darin der Deport (Zuschlag) als negativer Report eingeschlossen. Zu beachten ist: Wenn vom Steigen des Reports gesprochen wird, so bedeutet das im Falle des Bestehens eines Deports natürlich Verkleinerung desselben bzw. Übergang in Report; Fallen des Reports bedeutet bei Deport Vergrößerung des letzteren. Die „untere Grenze des Reports“ bedeutet, falls sie auf der negativen Seite liegt, die Höchstgrenze des Deports, die „obere Grenze des Reports“ im gleichen Falle die Mindestgrenze des Deports. Wenn bei mathematischen Formulierungen der Ausdruck „+ Report“ gebraucht ist, so schließt dieser Ausdruck die Bedeutung „abzüglich Deport“ ein.

abgeschlossene DTG bedeutet eine Vermehrung oder Verminderung der Nachfrage bzw. des Angebotes auf dem Schiebungsmarkte. Daraus ergab sich eine innige Verflechtung des DTG mit dem Schiebungsmarkt, die noch verstärkt wurde durch die Wirkung der auf S. 24 dargestellten Auflösungsformeln. Anstatt Devisen in Kost zu nehmen, konnte die Bank, wenn ihr das günstiger schien, Devisen per Kasse kaufen und sie an einen anderen Kontrahenten auf Termin verkaufen. Anstatt auf Termin zu kaufen, konnte die Bank per Kasse kaufen und die gekauften Devisen in Kost geben, was gerade wie eine Ausgleichsarbitrage wirkte. Infolge dieser Verflechtung mußte sich der ursprüngliche Terminsatz als ein willkürlicher, dem marktmäßig, d. h. durch wirtschaftliche Gesetze bestimmten Schiebungssatz anpassen. Der Terminsatz als etwas Eigenes verschwindet völlig; an seine Stelle tritt auch für das reine Termingeschäft der Schiebungssatz.

Diese Verdrängung des Terminsatzes durch den Schiebungssatz ist die Ursache jenes oben erwähnten Vorganges, daß der Terminsatz, der zuerst eine Risikoprämie, dann eine Gebühr gewesen war, zu einer marktmäßigen Preisbildung, eben jener des Schiebungssatzes, überging. Eine Folge dieses Vorgangs ist, daß nicht mehr der Terminsatz beim Verkauf an die Bank abgezogen, beim Kauf zugeschlagen wurde, sondern daß er nun je nach der Preisgestaltung am Schiebungsmarkt entweder bei beiden abgezogen oder bei beiden zugeschlagen wird (mit Ausnahme etwa in Zeiten, wo der Schiebungssatz so steht, daß der Nullpunkt in die Geld-Brief-Spanne fällt). Eine weitere Folge ist, daß alles, was weiter über die Theorie des Terminsatzes zu sagen ist, gleichzeitig eine Theorie des Schiebungssatzes darstellt. Schiebungs- und Terminsatz sind jetzt gleichbedeutend und werden im folgenden auch so behandelt.

### b) Die Preisbildung.

**1. Unter deutschen Verhältnissen.** $\alpha$) Angebot und Nachfrage am Terminmarkt. Aus den bisherigen Ausführungen geht hervor, daß es für den Wechselkurs gleichgültig ist, ob sich Angebot und Nachfrage am Devisenmarkt im Kassa- oder im Terminmarkt[1]) äußert, daß dies aber nicht gleichgültig für den Terminsatz ist. Denn, wenn die Kunden den Banken allgemein mehr Termindevisen verkaufen als sie von ihnen abnehmen, so überwiegen die Kassadeckungsverkäufe der

[1]) Die Ausdrücke Kassamarkt und Terminmarkt sind nicht im Sinne wirklicher besonderer Märkte zu verstehen. Vielmehr gibt es in Wirklichkeit nur einen einheitlichen Devisenmarkt, neben dem noch der Schiebungsmarkt einen Sondermarkt darstellt. Die Worte Kassa- und Terminmarkt sind nur eine bequemere begriffliche Zusammenfassung der Gesamtheit sämtlicher Kassageschäfte bzw. Termingeschäfte. Beide zusammen erst ergeben einen geschlossenen Markt, eben den Devisenmarkt.

Banken — jeder Terminverkauf der Bank wird durch einen Kassaverkauf gedeckt und umgekehrt — über die Kassadeckungskäufe. Dadurch entstehen Debetauszahlungssalden, die die Bank durch geliehene Devisen decken muß; d. h. es entsteht eine Nachfrage auf dem Schiebungsmarkt, die sich zwar nicht immer als effektive Nachfrage äußert, nämlich dann nicht, wenn sie von den Kundenguthaben aufgefangen wird. In diesem Falle wird ein sonst herauskommendes Angebot jedoch neutralisiert, also der Reportabschlag gesteigert bzw. sein Sinken gehemmt. Reportsatz und Terminsatz sind aber, wie wir sahen, dasselbe.

$\beta$) Verhältnis zwischen Devisenmarkt und Schiebungsmarkt. Wir sahen ferner, daß Angebot und Nachfrage am Schiebungsmarkt zwar in ursächlichem Zusammenhang mit dem Devisenmarkt stehen, daß aber die Spannungsverhältnisse zwischen Angebot und Nachfrage an beiden Märkten ganz und gar verschieden, ja entgegengesetzt sein können. Bei starker Steigerung der Devisenkurse sucht sich jeder Devisen hinzulegen, es entstehen große Devisenvorräte, Kapitalmangel bei den Devisenbesitzern und damit Angebot von Devisen am Schiebungsmarkt. Wird die Stimmung ruhiger, so werden diese Vorräte langsam verbraucht, das Angebot geht langsam zurück; tritt ein plötzliches Fallen der Devisenkurse ein, so sucht das Publikum die Devisen loszuschlagen, also starkes Angebot am Devisenmarkt, die Vorräte gehen zurück, das Angebot am Schiebungsmarkt verschwindet plötzlich.

$\gamma$) Der Devisenvorrat der Volkswirtschaft. Daraus folgt, daß das Spannungsverhältnis am Schiebungsmarkt zunächst von dem Vorrat an Devisen in der Volkswirtschaft beherrscht wird. Wir sahen aber auch schon, daß dieses natürliche Angebot nicht das einzige ist, sondern je nach der Preisgestaltung für Zins und Report noch ein künstliches hinzukommen kann, nämlich durch zu diesem Zweck im Ausland aufgenommene Kredite.

$\delta$) Kombinierte Zins- und Reportarbitrage. Während die bisherigen Formen der Zinsarbitrage unmöglich geworden waren, weil die aus denselben drohenden Gefahren der Wechselkursschwankungen die möglichen Zinsgewinne weit überstiegen, haben wir in diesen Krediten die Ansätze zu einer neuen Form, einer kombinierten Zins- und Reportarbitrage. Sie ist so lange gewinnbringend, als der im Inland zu erzielende Zins + Report*abschlag* größer sind als der im Ausland zu bezahlende Zins, bzw. der im Inland zu erzielende Zins größer ist als der im Ausland zu bezahlende Zins + Report*zuschlag*. Wie weit diese Arbitrage in der Praxis ihre Wirkung hat entfalten können, das läßt sich nicht nachweisen; nur das eine ist sicher, daß sie es nicht in vollem Umfange hat tun können, und zwar wegen der steten politischen Unsicherheit und des allgemeinen Mißtrauens im heutigen internationalen Verkehr, die die Aufnahme von Auslandskrediten sehr erschwerten. Ist umgekehrt Inlandszins + Reportabschlag niedriger als der Auslandszins oder Inlandszins niedriger als Auslandszins + Reportzuschlag, dann ist freilich diese Arbitrage leichter möglich, denn der deutsche Arbitrageur hat es normalerweise in der Hand, deutsche Gelder aufzunehmen, mit ihrer Hilfe Devisen hereinzunehmen und sie im Auslande zu verwerten.

Ein Beispiel möge das Gesagte erläutern: Am 11. Dezember 1922 war der Satz für tägliches Geld in London 2%, in Berlin gegen Schatzwechsel $8^1/_2$%, gegen andere Unterlagen 11%; als Schiebungssatz wurde in Berlin ein Aufschlag von ca. 13% (pro Monat) genannt.

Wenn sich nun jemand in Deutschland gegen Effekten Geld beschaffen konnte und dieses gegen Sterlingdevisen wieder auslieh, so hätte er verdient:

| | |
|---|---|
| aus dem Schiebungsgeschäft 12 × 13% = | 156% |
| Verzinsung des Sterlingguthabens . . . . | 2% |
| | 158% |
| ab Kosten des Berliner Marktgeldes . . . | 11% |
| | 147% pro Jahr. |

Es ist klar, daß unter normalen Verhältnissen das Geldkapital in gewaltigen Mengen diesem lohnenden Geschäft zuströmen würde.

Die Folge dieser Arbitrage wäre, daß der Reportabschlag nicht unter die Differenz zwischen dem Zinssatz, zu dem deutsche Banken Devisen verwerten können (das ist zur Zeit der Kreditzinssatz der ausländischen Banken) und dem deutschen Marktzinssatz sinken kann. Zum Verständnis dieses Satzes sei betont, daß der Auslandszinssatz stets Minuend, der Inlandszinssatz stets Subtrahend der Rechnung sein muß; ist der erstere kleiner als der letztere, so wird der Report (Kursabschlag) negativ, d. h. Deport oder Kursaufschlag. Man kann den Satz also umkehren und sagen, die Höchstgrenze des Kursaufschlages ist die Differenz zwischen Inlandsmarktzins und Auslandskreditzins.

Schon die Möglichkeit des obigen Beispiels aber zeigt, daß auch diese einseitige Begrenzung der wachsenden Zerrüttung unserer Währung nicht mehr standhält. Durch den rapiden Fall des deutschen Wechselkurses im zweiten Halbjahr 1922 war das Bestreben, Devisen einzulegen und sich das in den eingelegten Devisen festgelegte Geld wiederzubeschaffen, sowie das Bestreben, Devisen auf Termin zu kaufen, was auf dasselbe hinausläuft, derartig groß und zugleich der Geld- und Kapitalmarkt so knapp geworden, daß die Leihsätze für Geld gegen Devisen, d. h. die Kursaufschläge für Reportdevisen, ungeheuer anschwollen. Gleichzeitig ging die Zahl derer, die leihweise Devisen suchten, zurück, da es für denjenigen, der eine Devisenlieferungsverpflichtung hatte, unmöglich wurde, diese hinauszuschieben, und es für den, der heute

Devisen zu liefern und später zu empfangen hatte, bei der nahezu völligen Gewißheit einer inzwischen eintretenden Kurssteigerung vorteilhafter erschien, die Devisen heute zu kaufen und später wieder zu verkaufen. Dazu ging der Kreis derjenigen, denen man Devisen zu späterer Rücklieferung gegen ein Gelddarlehen anvertrauen wollte, bei den wahnwitzigen Steigerungen der Devisenkurse immer weiter zurück und beschränkt sich heute fast ausschließlich auf die Banken. Den arbitragierenden Banken aber standen einerseits infolge der Geldknappheit überhaupt nicht so viele flüssige Mittel zur Verfügung, daß sie die an sich gegebene Arbitragemöglichkeit so hätten ausnutzen können, daß sich der Aufschlag bis auf die Zinsdifferenz gesenkt hätte, andererseits wollten und konnten sie auch nicht ihre ganzen verfügbaren flüssigen Mittel in dieses Geschäft hineinstecken. So kommt es, daß der Kursaufschlag sich in der letzten Zeit dauernd weit über der Zinsdifferenz hält; wurde doch im November 1922 ein Schiebungssatz von 24% pro Monat bezahlt, ein für die damalige Zeit unglaublicher Zinssatz.

ε) Reine Reportarbitrage. Neben dieser kombinierten Zins- und Reportarbitrage wurde in Berlin auch die reine Reportarbitrage betrieben, die gegenüber der früheren Effektenreportarbitrage Besonderheiten nicht bietet. Es handelte sich hier wie dort um die Ausnutzung der Unterschiede zwischen den Reportsätzen zweier oder mehrerer Länder mittels direkter oder indirekter Arbitrage. Beispiel für direkte Arbitrage:

Der Reportsatz möge in Berlin $^1/_4\%$ Abschlag, in Amsterdam $^3/_8\%$ Zuschlag sein. Dann nimmt der Arbitrageur in Amsterdam Mark und in Berlin Gulden herein.

| | | | |
|---|---|---|---|
| In Amsterdam | Kauf | M. 20 000 per Kasse zu —,50 | = fl. 100,— |
| | Verkauf | M. 20 000 per 1 Mon. zu —,50 187 | = fl. 100,375 |
| | | Gewinn | fl. —,375 |
| | | zu 20 000 | = M. 80 |
| In Berlin | Kauf | fl. 100 per Kasse zu 20 000 | = M. 20 000 |
| | Verkauf | fl. 100 per 1 Mon. zu 19 950 | = M. 19 950,— |
| | | Verlust | M. 50,— |

M. 80 abz. M. 50 = M. 30 Gesamtgewinn.

Die Wirkung dieser Arbitrageoperation ist Vermehrung der Nachfrage auf dem Berliner und Amsterdamer Schiebungsmarkt, damit Steigerung des Berliner Abschlages und Senkung des Amsterdamer Zuschlages, bis beide gleich sind; denn dem Abschlag in Berlin entspricht paritätisch ein prozentual gleich hoher Zuschlag in Amsterdam. Diese reine Reportarbitrage ist unbeschränkt nur in der Richtung unseres Beispieles möglich, denn wenn der Amsterdamer Zuschlag geringer ist als der Berliner Abschlag, so müßte der deutsche Arbitrageur in Amsterdam Mark in Kost geben bzw. ein Amsterdamer Arbitrageur in Berlin Gulden in Kost geben, was aus dem beschriebenen

Mißtrauen heraus nicht unbeschränkt möglich ist. Wir haben also hier einen neuen Ort für die untere Grenze des deutschen Reportabschlages bzw. die obere Grenze des Zuschlages auf ein bestimmtes Land: Es ist der Reportsatz des betreffenden Landes auf Deutschland. Umgekehrt kann natürlich auch der deutsche Reportsatz ein Ort für die obere Grenze des ausländischen Reportsatzes auf Deutschland sein.

ζ) Termindevisenarbitrage als kombinierte Devisen- und Reportarbitrage. Es kann vorkommen, daß der Berliner Kassaguldenkurs und der Amsterdamer Kassamarkkurs über Parität liegen, und der Amsterdamer Reportzuschlag wie in dem eben angeführten Beispiel höher ist als der Berliner Reportabschlag; dann kann der Arbitrageur an beiden Plätzen als Devisenarbitrage Kassadevisen verkaufen und außerdem als Reportarbitrage Devisen in Kost nehmen. Viel einfacher ist es für ihn aber, Devisenarbitrage in Termindevisen zu betreiben, indem er in Berlin Gulden, in Amsterdam Mark auf Termin verkauft. Beispiel:

Der Markkurs in Amsterdam möge —,52, der Guldenkurs in Berlin 20 000 sein; der Reportsatz für Mark in Amsterdam —,002 = 38%, für Gulden in Berlin 50,— = ¼%.

Der Arbitrageur verkauft also:

| | | | | | | |
|---|---|---|---|---|---|---|
| in Amsterdam | M. 20 000,— | per 1 Mon. | zu | —,522 = | fl. | 104,40 |
| in Berlin | fl. 104,40 | per 1 Mon. | zu | 199 950 = | M. | 20 827,80 |
| | | | | abzüglich | M. | 20 000,— |
| | | | | Gewinn | M. | 827,80 |

wovon M. 800 auf die Devisenarbitrage, M. 27,80 auf die Reportarbitrage entfallen.

**2. Die Theorie von J. M. Keynes.** John Maynard Keynes, der bekannte englische Volkswirtschaftspolitiker, stellt aus den englischen Verhältnissen am Devisenterminmarkt — die infolge der stabileren englischen Valuta und der Verflechtung mit dem Devisen- und Geldmarkt der ganzen Welt weit gefestigter erscheinen als die deutschen — eine Theorie des Terminsatzes auf[1]), die in zum Teil etwas anderer Formulierung und Gruppierung wie folgt lautet.

Die Grundthese: Der Terminsatz eines Landes auf ein anderes wird bestimmt durch den Grad der Geneigtheit des Marktes, Kapital lieber in dem einen oder dem anderen Lande zu unterhalten, und zwar bedeutet ein Terminabschlag die Geneigtheit, das Kapital im fremden, ein Terminzuschlag, es im eigenen Lande zu halten. Begründung: Wenn ein Londoner lieber in Neuyork Kapital unterhält als in London, so wird er Kassadollar kaufen und Termindollar verkaufen (wir in Deutschland würden sagen: Schiebung Neuyork kaufen, oder Dollar in Kost nehmen); er wird also auch bereit sein, hierfür etwas zu bezahlen, d. h. sich einen Kursabschlag auf Termindollar gefallen zu lassen. Nach dem tatsächlichen oder vermeintlichen Vorteil, den das Kapital in Neuyork vor dem in London bringt, richtet sich die Höhe des Abschlages, bis zu der der Terminverkäufer zu gehen geneigt ist.

[1]) Keynes: Die Termingeschäfte in ausländischen Devisen. Wiederaufbaunummer S. 12ff.

Wodurch bestimmt sich nun diese Geneigtheit, Kapital in einem bestimmten Lande zu unterhalten, d. h. welches sind die eigentlichen Kräfte, die den Terminsatz regeln?

1. Die Sätze für kurzfristiges Geld in den beiden Ländern. Ist der Zinssatz in Neuyork $5^1/_2\%$, in London $4\%$, so wird der Londoner sich für Terminverkäufe einen Abschlag von bis zu $1^1/_2\%$ pro Jahr gefallen lassen können, ohne Verlust zu erleiden. Ist der Abschlag geringer, so wird der Londoner Arbitrageur so lange Schiebung Neuyork kaufen[1]) bis der Abschla gerreicht ist. Wir haben hier nur den umgekehrten Vorgang, wie er vorhin für Deutschland beschrieben worden ist. Folgerung: Der Terminsatz auf ein Land mit teurerem Geldmarkt als dem inländischen hat die Neigung zu einem Kursabschlag, der Terminsatz auf ein Land mit billigerem Geldmarkt zu einem Kurszuschlag.

2. Angebot und Nachfrage am Terminmarkt. Wenn — die obenerwähnten Geldmarktbedingungen vorausgesetzt — die Nachfrage nach Termindollar (aus anderen Gründen als infolge Arbitrage) das Angebot übersteigt, so kann der Arbitrageur diese Termindollar zur Verfügung stellen, indem er Kassadollar kauft, die sich ihm zu $5^1/_2\%$ verzinsen, während Sterling sich nur zu $4\%$ verzinsen. Nun muß er aber einen angemessenen Nutzen sehen, der Käufer der Termindollar muß ihm also einen geringeren Abschlag als die obigen $1^1/_2\%$ bewilligen. Folglich bewirkt überwiegende Nachfrage am Terminmarkt ein Sinken des Terminabschlages (Steigen des Zuschlages), Angebot ein Steigen des Terminabschlages (Sinken des Zuschlages).

3. Die Devisenspekulation dann, wenn diese sich überwiegend und kräftig nach einer Seite hin engagiert. Besteht z. B. in London eine starke Baissestimmung für Dollar, so kommt es leicht zu einem Überangebot an Termindollar, das einen starken Terminabschlag herbeiführt. Das bedeutet einen Gewinn für jeden Dollarbesitzer, der seine Dollar per Kasse verkaufen und auf Termin zurückkaufen kann; der übermäßige Terminabschlag kann nur dann beseitigt werden, wenn entweder der Druck der Spekulanten auf den Markt aufhört, oder so erhebliche Dollarkapitalien, sei es direkt durch englische oder Neuyorker Dollarbesitzer, sei es indirekt durch Dollarkredite an die englischen Arbitrageure, in das Arbitragegeschäft hineingezogen werden, daß das spekulative Angebot einer gleichwertigen Nachfrage begegnet.

4. Politik und finanzielle Unsicherheit. Alle diese Einflüsse können aber nur dann in vollem Umfange wirksam werden, wenn auf dem Markte keine Hemmungen bestehen. Eine solche Hemmung kann die politische und finanzielle Unsicherheit in einem Staate sein, die die Arbitrageure auch nach Ausschaltung des Wechselkursrisikos abschreckt, große Guthaben in dem betreffenden Staate zu unterhalten. Das ist zur Zeit der Fall im Verkehr mit Deutschland.

5. Monopol der Devisenhandelsfirmen. Bis hierher läßt sich alles der Grundthese unterordnen. Mit dem fünften von Keynes erwähnten Einfluß auf den Terminsatz geht das nicht mehr, da die Grundthese sich auf den freien Markt bezieht. Er sagt: Wo wenige Banken ein Monopol im Devisenhandel besitzen, oder einen Ring bilden, der den freien Wettbewerb nicht aufkommen läßt, da vermögen sie die Spannung aus Gewinnrücksichten erheblich größer zu halten, als sie sich aus den anderen Einflüssen heraus bilden würde.

**3. Vergleich der beiden Theorien.** Vergleicht man die von Keynes aus der englischen Praxis an Hand von Tabellen über die in 2 Jahren für 4 Devisen in London bezahlten Terminsätze und von vereinzelten Nachrichten aus anderen Ländern über solche Terminsätze aufgestellten Theorien mit den obigen, sich

[1]) Ich verwende hier den kürzeren deutschen Ausdruck, Keynes selbst spricht immer nur von Kassakauf und Terminverkauf.

auf die deutschen Verhältnisse stützenden Ausführungen, so ergibt sich, daß die Einflüsse 1, 2 und 4 mit meinen Ergebnissen übereinstimmen. Nr. 3, die übrigens nur eine Sonderart von Nr. 2 darstellt, kommt für Deutschland nicht in Betracht, da die Devisenspekulation hier, wenn sie auch nicht ganz vom Terminmarkt ferngehalten werden kann, so doch auf diesem so gering ist, daß sie merkliche Wirkungen auf ihn nicht ausübt[1]). Nr. 5 kommt unter den heutigen Verhältnissen für Deutschland ebenfalls nicht in Betracht, vielleicht ließen sich die Verhältnisse vor dem Herbst 1921 hier einreihen. Der Hauptunterschied zwischen den englischen und den deutschen Verhältnissen im Terminmarkt liegt darin, daß für England die Hauptrolle der unter 1. genannte Einfluß der Geldmärkte spielt, der unter 2. genannte Einfluß von Angebot und Nachfrage am Terminmarkt lediglich eine zusätzliche oder hemmende Wirkung ausübt, und daß 3., die Devisenspekulation, zeitweise über diese Einflüsse das Übergewicht erlangt. Nur bei den Devisen, bei denen der Einfluß 4, der der politischen und finanziellen Unsicherheit, stark hervortritt, tritt Einfluß 1 zugunsten von 2 und 3 zurück. Für uns dagegen fällt 3 nahezu ganz weg, dafür ist 4 dauernd und, da bei uns selbst liegend, für jede Devise vorhanden. Das aber erzeugt noch einen weiteren Einfluß, den Keynes und der englische Terminmarkt gar nicht kennen, nämlich die Isolierung unseres Geldmarktes und damit die die Höhe des Terminsatzes beherrschende Wirkung der schwankenden Höhe des Devisenvorrates in unserer Volkswirtschaft. Die Höhe des Terminsatzes ist jedoch in währungspolitisch ruhigen Zeiten einseitig begrenzt durch den Unterschied zwischen dem Inlandszinssatz für kurzes Geld und dem Kreditzinssatz der ausländischen Banken, indem der Abschlag nicht sinken kann unter die Differenz: Auslandszinssatz minus Inlandszins, und der Aufschlag nicht steigen kann über die Differenz: Inlandszins minus Auslandszins, d. i. der Einfluß 1 von Keynes, aber nur in einer Richtung; in Zeiten besonders starken Fortschrittes des Währungsverfalles wird auch diese Begrenzung durchbrochen und der Einfluß 1 von Keynes vermag nur noch eine etwas hemmende Wirkung auf das Steigen des Zuschlages auszuüben. Als zusätzliche oder hemmende Wirkung tritt der Einfluß von Angebot und Nachfrage am Terminmarkt (2) hinzu.

## II. Der Einfluß des DTG auf Wechselkurs und Geldmarkt.

### a) Der Einfluß des DTG an sich.

Welche Folgerungen sind aus den bisherigen Darlegungen für die Wirkung des DTG auf Devisen- und Geldmarkt, d. h. auf Wechselkurs und Zinssatz, zu ziehen? Soweit die Terminverkäufe der Exporteure von den Banken durch die Terminkäufe der Importeure gedeckt werden, kommen irgendwelche Wirkungen nicht zustande; denn es werden lediglich für die Devisen, die die Importeure zu zahlen haben, die Empfänger heute schon bestimmt, statt erst bei Fälligkeit. Eine Wirkung auszuüben vermag also lediglich der Saldo der Terminkäufe und -verkäufe in der Volkswirtschaft. Nehmen die Banken diese überschüssigen Terminangebote auf bzw. befriedigen sie diese überschüssige

[1]) Die Kassaspekulation kann allerdings auch eine solche Wirkung ausüben, indem der Spekulant sich Devisen kauft und diese reportiert. Dieser Vorgang gehört jedoch nicht hierher, sondern unter die Wirkung des Devisenvorrates der Volkswirtschaft.

Terminnachfrage, so ziehen sie ein sonst erst später auftretendes Angebot bzw. Nachfrage auf einen früheren Zeitpunkt; denn sie schalten durch ihre Kassadeckungsgeschäfte mit dem überschüssigen Terminangebot eine Kassanachfrage und mit der überschüssigen Terminnachfrage ein Kassaangebot aus. Sie können das aber nur tun, wenn sie bei einem überschüssigen Terminangebot Devisenvorräte haben, die sie per Kasse liefern können, erhalten dann aber auch hierfür Markbeträge zur freien Verwertung. Bei einer überschüssigen Terminnachfrage erhalten sie für die Kassadeckungsgeschäfte Devisen, müssen aber dafür Markbeträge aufwenden. Die Wirkungen eines überschüssigen Terminangebots sind also folgende: Ein Angebot am Devisenmarkt wird früher gelegt, dem Auslandsmarkt wird Geld zugunsten des Inlandsmarktes entzogen. Die Wirkung ist also die gleiche wie die eines der deutschen Volkswirtschaft gewährten Auslandskredites in Höhe und auf Dauer des Überschusses des Terminangebotes über die Nachfrage. Umgekehrt wirkt ein Überschuß der Terminnachfrage über das Terminangebot wie ein von uns dem Auslande gewährter Kredit in Höhe und auf Dauer des Überschusses.

### b) Der Einfluß der Arbitrage.

**1. Die kombinierte Zins- und Reportarbitrage bei einem Überwiegen von Terminangebot oder -nachfrage.** Früher ist dargestellt, daß ein Überschuß des Terminangebotes ein Sinken des Reportzuschlages, ein Überschuß der Terminnachfrage ein Steigen desselben zur Folge hat (S. 42). Wir sahen ferner, daß die obere Grenze des Zuschlages die Differenz zwischen dem Inlandszinssatz und dem Auslandszinssatz ist (S. 44), und daß wenn diese Grenze überschritten wird, die Arbitrage einsetzt, indem der Arbitrageur unter Verwendung deutschen Geldes Devisen hereinnimmt, die er im Ausland anlegt. Die Arbitrage (es handelt sich hier um die kombinierte Zins- und Reportarbitrage) verstärkt also noch die Wirkung auf den Geldmarkt, ohne jedoch eine solche auf den Wechselkurs auszuüben, so lange, bis der Zuschlag seine obere Grenze wieder unterschritten hat. Im Falle völliger Freiheit der Arbitrage tritt die Arbitrage und damit ihr den Überschuß der Termingeschäfte verstärkender Einfluß auf den Geldmarkt in jedem Falle auf, wo ein solcher Überschuß vorhanden ist.

**2. Reine Reportarbitrage.** Ist der Saldo der Termingeschäfte, beispielsweise eine Terminnachfrage nach Holland, einseitig in Deutschland vorhanden, nicht dagegen in Holland ein entsprechendes Terminangebot in Mark, so sinkt der Reportabschlag in Deutschland, nicht aber der Reportzuschlag in Amsterdam: wir haben den Fall von S. 45, der Arbitrageur nimmt gleichzeitig in Amsterdam Mark und in Berlin Gulden in Kost und senkt so den Amsterdamer Reportzuschlag und steigert den Berliner Reportabschlag bis zur Parität. Die Wirkungen beider Geschäfte auf den Geldmarkt heben sich also auf. Durch diese Geschäfte ist aber noch nicht das Gleichgewicht zwischen Inlandszins, Auslandszins und Report hergestellt, vielmehr hat sich dieses in Amsterdam nunmehr um ebensoviel verschoben, als es in Berlin dem Ausgleich nähergekommen ist. Die kombinierte Zins- und Reportarbitrage greift nun wieder ein, und da die zu überwindenden Widerstände des Schiebungsmarktes genau die gleichen sind, ob sich die ganze Spannung in Deutschland oder ein Teil der Spannung in Deutschland, ein Teil in Holland befindet, so ist die Wirkung der Arbitrage in diesem Falle genau die gleiche wie im vorhergehenden.

**3. Kombinierte Zins- und Reportarbitrage bei Veränderungen am Geldmarkt.** Wenn aus irgendwelchen Gründen der Inlandszinssatz fällt, dann wird es für den Arbitrageur vorteilhaft, gegen das billige deutsche Geld Devisen hereinzunehmen und im Auslande anzulegen, so lange, bis sich der Reportsatz auf die neue Differenz zwischen Inlands- und Auslandszinssatz eingestellt hat. Dadurch wird Geld dem inländischen Markt entzogen und dem ausländischen zur Verfügung gestellt und damit der Verflüssigung des Inlandsmarktes entgegengewirkt. Die kombinierte Zins- und Reportarbitrage wirkt also in derselben Richtung wie früher die reine Zinsarbitrage, nur fällt deren Wirkung auf die Wechselkurse weg, da früher das Devisengeschäft und -gegengeschäft zeitlich auseinanderfielen, heute aber zu derselben Zeit getätigt werden.

### c) Schlußfolgerungen.

Betont sei aber, daß die Wirkung dieser kombinierten Zins- und Reportarbitrage auf den Geldmarkt — und das gilt für alle Fälle, auch die früher erwähnten — ganz minimal und nicht entfernt mit der der reinen Zinsarbitrage vergleichbar ist, denn die Zinsarbitrage wurde durch die Zinsspannung direkt ausgelöst und hörte nicht eher auf, bis die Zinsen gleichgestellt waren (daß das nicht ziffernmäßig zu verstehen ist, ist klar), die Reportarbitrage dagegen wird ausgelöst durch die Spannung zwischen Zins- und Reportsätzen und hört in dem Augenblicke auf, wo der Reportsatz sich auf die Spannung eingestellt hat. Ginge also die Wirkung der Reportarbitrage schon unter gleichen Voraussetzungen für beide nicht so weit wie die der Zinsarbitrage, so kommt noch hinzu, daß der Schiebungsmarkt sehr viel kleiner ist als der Geldmarkt und daher der Reportsatz durch eine geringere Angebot-Nachfragespannung in Bewegung kommt als der Zinssatz. Praktisch ist somit, worauf auch Keynes hinweist, in dem Augenblicke, wo zwischen zwei Ländern fühlbare Wechselkursschwankungen auftreten, die Solidarität der Geldmärkte dieser beiden Länder gestört, denn in diesem Augenblicke wird einerseits das Devisentermingeschäft und mit ihm das Reportgeschäft hochkommen, andererseits die Zinsarbitrage unmöglich werden und sich somit die kombinierte Zins- und Reportarbitrage an ihre Stelle setzen.

Eine zweite Schlußfolgerung ist aus dem Gesagten für unsere Verhältnisse zu ziehen: Infolge der unsicheren Verhältnisse kann, wie schon mehrmals betont, die Arbitrage nur in einer Richtung betrieben werden, und diese Richtung bedeutet stets ein Zurverfügungstellen von Inlandsgeld an das Ausland, also eine Verknappung des Inlandsgeldmarktes. Eine Verflüssigung des Inlandsgeldmarktes ist nur bis zu dem Grade möglich, der der Höhe der im Besitze Deutscher befindlichen Devisenvorräte, die zu der betreffenden Zeit von ihren Besitzern für Warenumsätze nicht benötigt werden, bzw. der zu erlangenden Auslandskredite entspricht, Beträge, die in solchem Falle nur allzu rasch erschöpft sind.

### d) Der Einfluß des DTG in Krisenzeiten.

Eine besondere Betrachtung verdient die Wirkung des DTG in Wirtschaftskrisen, die durch scharfe Unterbrechungen der gewohnten Währungsentwicklung hervorgerufen werden. Um diese zu veranschaulichen, sei im folgenden kurz der typische Verlauf einer solchen Krise dargestellt, wie ihn das Frühjahr 1920 besonders rein aufweist[1]:

Nach einem panikartigen Hochstand der Devisenkurse Sinken derselben, Käuferstreik, dadurch starke Einschränkung der direkten Devisennachfrage aus dem Warengeschäft, verschärftes Sinken der Kurse. Behinderung des Exports durch die (in Papiermark ausgedrückt) fallenden Weltmarktpreise oder (in Gold ausgedrückt) steigenden Inlandskosten; doch gehen noch erhebliche Devisenmengen aus früher abgeschlossenen Exportgeschäften ein, denen eine wirksame Nachfrage nicht mehr gegenübersteht, was ein weiteres sprunghaftes Steigen des Markkurses zur Folge hat. Das Ergebnis ist somit eine starke Stockung fast des gesamten Wirtschaftslebens. Im zweiten Stadium setzt der Einfuhrbedarf wieder ein, gefördert durch die niedrigen Devisenkurse, damit Nachfrage nach Devisen; infolge mangelnder Exportabschlüsse fehlt das Devisenangebot, die Devisen steigen. Nunmehr wird das Exportgeschäft angeregt, ohne daß dies zunächst auf den Devisenmarkt wirkt, da die Erlöse erst später eingehen, dann erscheinen nach und nach auch die Devisen auf dem Markt, und nun beginnt das Spiel der Schwankungen nach unten und oben von neuem, langsam abebbend, bis ein neuer Stoß, sei es nach unten, sei es nach oben, das Wirtschaftsleben wieder von neuem in Unruhe bringt. Die Spekulation übt in ihrer heutigen Verfassung nur die Wirkung, daß sie die Schwankungen ver-

[1]) Vgl. Lansburgh: Die Besserung der deutschen Valuta. Bank 1920, S. 321.

schärft. Wenn nun das DTG eingreift, ändert sich der Verlauf: Im ersten Stadium (mangelnde Devisennachfrage, Fallen der Kurse) sind die noch aus früheren Exportabschlüssen eingehenden Devisen bereits vorverkauft, vermögen einen Druck auf den Markt also nicht mehr auszuüben, die Geschäftsleere am Devisenmarkt tritt unmittelbar mit dem Devisensturz ein, das Ausmaß des letzteren wird erheblich geringer. Außerdem werden mit der Fälligkeit der Terminverkäufe reportierte Devisenguthaben frei, das bisher dem Auslandsgeldmarkt zugunsten des Inlandes entzogene Geld damit wieder zurückübertragen. Im zweiten Stadium bewirkt zunächst der Überschuß der Terminnachfrage eine noch schärfere Steigerung der Wechselkurse und eine Verknappung des Inlandsgeldmarktes zugunsten des Auslandsgeldmarktes, sehr rasch jedoch wirken die Exportabschlüsse infolge des sofortigen Verkaufes der Erlöse auf Termin unmittelbar auf den Markt und hemmen hier den Wiederanstieg der Devisenkurse sowie die Ausfuhr von Marktgeld. Das ist in großen Zügen das Bild der Novembertage des Jahres 1921. Wenn man obigen Darlegungen den Einwand entgegenhalten wollte, daß die Importgeschäfte durch das DTG ebenfalls früher ihre Wirkungen auf den Devisenmarkt äußern und somit den günstigen Einfluß des Terminverkaufes der Exportdevisen aufheben, so ist dem zu entgegnen, daß einerseits der Importeur auch schon vor der Einführung des DTG gezwungen war, sich seine Devisen frühzeitig zu beschaffen, und für ihn das DTG also lediglich eine Kapitalersparnis bedeutet — was auch einen wichtigen volkswirtschaftlichen Vorteil des DTG darstellt — und daß andererseits für die Importgeschäfte Deutschlands durchschnittlich kürzere Zahlungsfristen üblich sind als für seine Exportgeschäfte, was mit dem Charakter Deutschlands als eines überwiegenden Rohstoffeinfuhr- und Fabrikateausfuhrlandes zusammenhängt.

## III. Die Bedeutung des DTG für den Bankkunden.

Neben der direkten Wirkung des DTG auf die Gesamtheit wird auch die auf dem Umwege über den einzelnen Betrieb zu untersuchen sein. Was bedeutet das DTG für die Einzelwirtschaft, und zwar, da seine Bedeutung für den Bankbetrieb bereits ausführlich erörtert wurde, für denjenigen, dessen Bedürfnissen es eigentlich dienen soll, den Bankkunden?

### a) Die Spekulation.

An sich könnte das DTG in ähnlicher Weise von der Devisenspekulation ausgenutzt werden wie früher das Effektentermingeschäft von der Effektenspekulation; mit der Wirkung, daß der Spekulant geringere bare Mittel für seine Transaktionen aufzuwenden braucht als beim Kassageschäft. Jedoch lehnen die Banken eine solche Ausnutzung des

DTG strengstens ab. Eine andere Frage ist es freilich, ob es nicht kapitalkräftigen Firmen möglich ist, auf dem Umwege über Kassakauf und Reportierung der gekauften Devisen doch wieder das DTG zu Spekulationszwecken zu benutzen. Indessen ist es hier sehr schwer, die Grenze zwischen Spekulation und wirtschaftlich berechtigter Vorsorge für die Zukunft zu ziehen.

### b) Die Verwertung unbenutzter Devisenguthaben.

Damit hängt die zweite, schon früher ausführlich besprochene Möglichkeit der Verwendung des DTG zusammen: Das Kostgeschäft bietet dem Kunden die Möglichkeit, Devisenbestände, die er augenblicklich nicht benötigt, ohne Veräußerung durchzuhalten, ohne das in ihnen festgelegte Kapital im Betriebe entbehren zu müssen.

### c) Die Kurssicherung.

**1. Die Wege der Kurssicherung durch das DTG.** Auf die dritte Möglichkeit, die der Kurssicherung, die die Entstehung des DTG überhaupt veranlaßt hat, ist an dieser Stelle näher einzugehen. Zu der Zeit, als das DTG entstand, war noch allgemein die Kalkulation in Papiermark üblich. Der Importeur, der im Auslande Waren in ausländischer Währung mit späterer Zahlung zu festem Preise kaufte, lief Gefahr, daß die Devisenkurse bis zum Zeitpunkte der Zahlung stiegen, er also in Mark erheblich mehr bezahlen mußte, als er kalkuliert hatte. Er konnte diese Gefahr dadurch beseitigen, daß er die Devisen schon zur Zeit des Abschlusses auf Termin kaufte und sich so den Kurs sicherte. Umgekehrt lief der Exporteur die Gefahr, daß bis zum Zahlungstage der Kurs sank und die als Gegenwert seiner Waren eingegangenen Devisen weniger Mark ergaben, als er kalkuliert hatte, was er durch einen Verkauf auf Termin abwenden konnte. Der Fabrikant, der den Veredlungsverkehr pflegt, d. h. Rohstoffe einführt und die daraus hergestellten Fabrikate ausführt, kann zur Kurssicherung das Kostgeschäft verwenden, indem er mit den in Kost genommenen Devisen seine Rohstoffe bezahlt und die aus dem Verkauf der Fertigfabrikate erlösten Devisen zurückliefert; jedoch wurde hier in der Regel das eigentliche Kostgeschäft nicht angewandt, sondern in Kassakauf und Terminverkauf zerlegt. Auch wird für ihn ein regelrechter Valutakredit vorteilhafter sein, weil dieser im Gegensatz zum Kostgeschäft keine Festlegung barer Mittel erfordert, wenn er nicht lieber in diesem Falle auf die Kurssicherung überhaupt verzichtet, da er in der Regel keinen festen Abschluß für seine Fertigware in der Tasche hat und eine offene Valutaverpflichtung ein überaus gefährliches Risiko darstellt.

Das DTG ermöglichte ferner eine Sicherung gegen Preisschwankungen von Waren, die der Kaufmann gar nicht selbst aus dem Auslande bezog bzw. an das Ausland lieferte, bei denen er also gar keinen Devisenumsatz zu tätigen hatte, nämlich bei solchen Waren, die im Preise möglichst genau und rasch den Devisenkursen folgen (reine Auslandswaren, ferner viele aus Auslandsrohstoffen hergestellte Waren, z. B. Margarine). Die Sicherung ging hier in der Weise vor sich, daß der Kaufmann zu dem Zeitpunkte, an dem er die betreffende Ware kaufte, einen entsprechenden Devisenbetrag auf Termin verkaufte und ihn in dem Augenblick eindeckte, wo er die Ware verkaufte. Waren inzwischen die Devisenkurse gestiegen, so verdiente er an der Ware, was er an den Devisen verlor; waren sie gefallen, so verdiente er an den Devisen, was er an der Ware verlor. Das ist nichts anderes, als die früher schon beim Warentermingeschäft vielfach übliche Verfahrensweise; wenn der Baumwollspinner für seine Spinnerei Baumwolle einkaufte, so verkaufte er dieselbe häufig sofort wieder auf Termin. Wenn er dann das gesponnene Garn verkaufte, deckte er die verkaufte Baumwolle an der Börse wieder ein. Da die Garnpreise sich den Preisen der Rohbaumwolle anpaßten, war hierdurch eine Sicherung gegeben. Diese Geschäfte zeigen, und das gilt für das Warentermingeschäft so gut wie für das DTG, daß sehr wohl Zeitgeschäfte denkbar sind, bei denen die Absicht einer effektiven Erfüllung nicht vorliegt, sondern die von vornherein mit der Absicht geschlossen sind, die Verpflichtung durch ein Gegengeschäft zu lösen, Geschäfte, die daher unter den juristischen Begriff des Differenzgeschäftes fallen, obwohl sie in keiner Weise spekulativ sind, im Gegenteil sogar die Spekulation in einem anderen Geschäft ausschließen sollen.

**2. Kritik der Kurssicherung.** Als sich aber mit dem Fortschreiten der Geldentwertung ihr Tempo immer mehr beschleunigte, als die Zeiträume, in denen die Devisenkurse sich verdoppelten, immer kürzer wurden, da stellte sich auch die Praxis auf den Standpunkt, der in der betriebswirtschaftlichen Theorie schon längere Zeit verfochten worden war, daß nämlich die Mark als Wertmesser nicht mehr brauchbar sei; man erkannte, daß die erwähnten Kurssicherungen keine wirklichen Sicherungen darstellten, weil sie das Geschäft, anstatt auf einen festen, in Wirklichkeit auf einen schwankenden, ja auf einen mit wachsender Geschwindigkeit abwärts gleitenden Boden stellten. Die Aufgabe war nicht die, durch Anklammerung an die Mark den Schwankungen der Devisen zu entgehen, sondern die Schwankungen des Markgeldwertes in ihrer Wirkung auf den Betrieb auszuschalten.

Die Sicherung konnte hier mit Hilfe des Devisengeschäftes so erfolgen, daß man gegen effektive Markbestände Kassadevisen kaufte und sich beim Bestehen von Markforderungen bzw. bei Warenverkäufen zu festen Markpreisen auf spätere Lieferung mit Termindevisen eindeckte, während man sich gegen eine etwaige Markbesserung bei Markverbindlichkeiten durch Terminverkäufe schützen konnte. Indessen machten diejenigen Glücklichen, die eine Markverbindlichkeit ihr eigen nannten, wegen der stetigen Verschlechterung der Mark von der Sicherungsmöglichkeit kaum Gebrauch, d. h. sie zogen die kaum ein Risiko in sich bergende Spekulation in Mark à la baisse vor. Die Sicherung von Markforderungen wurde durch die scharfen Repartierungen an der Börse und die gesetzlichen Beschränkungen des Devisenhandels gehemmt und schließlich durch die an anderer Stelle besprochene Häufung der Ansprüche an den Markt mit der daraus folgenden Unmöglichkeit der Befriedigung dieser Ansprüche und übermäßigen Steigerung der Kosten vereitelt. So half man sich dadurch, daß man das Entstehen von Markforderungen überhaupt vermied, d. h. man verkaufte nur noch gegen Vorauszahlung oder fakturierte in Devisen bzw. Goldmark und suchte die eingehenden Markzahlungen sofort wieder in Waren umzusetzen. Damit war das DTG mit der alleinigen Ausnahme des das Durchhalten von Devisenbeständen ohne Kapitalfestlegung ermöglichenden — aber durch die hohen Reportsätze sehr erschwerten — Schiebungsgeschäftes praktisch für Handel und Industrie, soweit nicht spekulative Zwecke in Frage kamen, nahezu bedeutungslos geworden. Und so kam es, daß die Kundschaft kaum allzu schmerzlich getroffen wurde, als im Frühjahr 1923 die Banken das DTG mit der Kundschaft nahezu einstellten und als später das gesetzliche Verbot des DTG herauskam. Das DTG hatte durch die Währungsentwicklung seine wirtschaftliche Funktion bereits eingebüßt. Interessant ist in diesem Zusammenhange eine Bemerkung, die sich schon gegen Ende des Jahres 1919 in der Frankfurter Zeitung findet (Nr. 872 vom 21. November 1919): „In der Tat haben Rundfragen in der Kaufmannschaft ergeben, daß diese heute ein vergleichsweise geringes Interesse an einem offiziellen Devisenterminhandel zeigt, ein geringeres jedenfalls, als in den Kreisen der Bankwelt dafür gezeigt wird.“

Noch hätte das DTG eine Aufgabe zu erfüllen gehabt bei der Sicherung der in fremden, nicht stabilen Währungen abgeschlossenen Geschäfte, indem z. B. in einem in französischen Francs abgeschlossenen Warengeschäft auf spätere Lieferung mit Hilfe von Terminoperationen die französischen Francs durch Dollar oder holländische Gulden ersetzt worden wären (bei einer Francsforderung Terminverkauf von Francs und Terminkauf von holländischen Gulden). Aber abgesehen davon, daß dieses Geschäft in einfacher Weise durch einen Terminverkauf von Francs in Amsterdam erledigt werden kann, also der deutsche Terminhandel gar nicht in Tätigkeit zu treten brauchte, hat der wirtschaftszerstörende Einfluß der zerrütteten Währungsverhältnisse in Deutschland zu derartig groben Kalkulationsmethoden geführt, daß das

Bedürfnis nach einer Ausschaltung solcher Schwankungen kaum gegeben ist[1]).

Anders liegen die Verhältnisse in Ländern mit fester oder doch nahezu fester Valuta. Hier, wo das Geld noch ein brauchbares Zahlungsmittel und ein für die Praxis genügend beständiger Wertmaßstab ist, vermag das DTG seine kurssichernde Funktion voll und ganz auszuüben. Wenn in einem solchen Lande der Kaufmann ein Geschäft mit einem anderen Lande, dessen Währung eine von der seinen abweichende Kursentwicklung aufweist, in dessen Währung abschließt, so wird er, wenn es sich nicht um ein Komptantgeschäft handelt, stets ein DTG abschließen und gegen alle Zufälle der Wechselkursentwicklung gesichert sein. Das kann er sogar machen, wenn er den Erfüllungszeitpunkt des Warengeschäftes nicht genau kennt, denn er hat es immer in der Hand, das DTG zu schieben, sei es auf später, sei es auf früher.

Von hier aus kann man es verstehen, daß das Ausland, das diese Verhältnisse nicht so überblickte, Deutschland immer und immer wieder die Einführung des freien, ungehemmten Devisenterminhandels auf das dringendste empfahl, so Keynes[2]), so die Londoner Denkschrift in ihrer zweiten Fassung[3]) — besonders in der Begründung durch Sir Robert Horne —, so die Finanzkommission der Genuaer Konferenz[4]).

## Ergebnis.

Fassen wir zum Schluß die Ergebnisse zusammen, so sehen wir, daß das DTG besonders in seiner Blütezeit in den wirtschaftlich verhältnismäßig ruhigen Monaten Ende 1921/Anfang 1922 für das deutsche Wirtschaftsleben zweifelllos eine erhebliche Bedeutung gehabt hat, die es durch die Zerrüttung der Währung, ganz abgesehen von dem gesetzlichen Verbot, für den Augenblick völlig eingebüßt hat. Seine Bedeutung für Kurssicherungszwecke war allerdings von vornherein problematisch und nur in wenigen Fällen zweifelsfrei gegeben; dazu stand der allzu großen Kursschwankungen wegen nur einer verhältnismäßig kleinen Anzahl von Firmen die Möglichkeit offen, sich seiner zu bedienen. Die durch das DTG ermöglichten Arbitrageformen vermochten sich nur

[1]) Seitdem im Dezember 1923 dem Verfall der Mark Einhalt geboten worden ist, hat sich dieses Bedürfnis verstärkt und in Berlin im Anschluß an das Usancegeschäft zur Bildung eines kleinen Marktes in Termindevisen gegen Devisen sowie eines ebensolchen Schiebungsmarktes geführt, wobei insbesondere die Geschäfte in französischen Francs gegen £ sowie in französischen Francs gegen $ eine gewisse Bedeutung zu erlangen vermochten. Jedoch verhinderten die unsicheren Verhältnisse bislang eine weitere Ausgestaltung.

[2]) Wiederaufbaunummer S. 14.

[3]) Köln. Zeitung Nr. 272, 273a vom 18. April 1922.

[4]) Köln. Zeitung Nr. 343 vom 16. Mai 1922.

nach der wirtschaftshemmenden, nicht aber nach der wirtschaftsfördernden Seite hin auszuwirken; auch verhinderte die Notwendigkeit der Einschränkung der Spekulation eine weitere Ausdehnung des Geschäftes.

Allgemein läßt sich sagen: Das DTG ist gleich einer Feder, die zwischen die Wirtschaft und die Valutabewegung gestellt wird, um die verderbenbringenden Stöße der letzteren auf das empfindliche Instrument der Wirtschaft zu mäßigen und in einem ruhigeren Druck umzuwandeln. Werden die Stöße aber zu stark, so wird die Feder zusammengedrückt, und der Stoß trifft die Wirtschaft doch wieder, wenn die Feder nicht gar zerspringt. Die eigentliche, höchste Bedeutung des DTG liegt in den Ländern mit stabiler Valuta, die mit solchen mit schwankender Valuta Handel treiben wollen (Beispiel: der frühere Berliner Rubelterminhandel), und in den Ländern mit zwar schwankender Valuta, bei denen sich die Schwankungen jedoch in Pendelbewegungen um einen halbwegs festen Punkt vollziehen und nicht so groß sind, daß sie für den normalen Warenhandelsverkehr fühlbare Veränderungen des eigenen Geldwertes herbeiführen (Beispiel: der heutige englische Terminhandel in Dollar). Darüber und darunter, nach der Richtung der Stabilität der Währung wie nach der Richtung gänzlicher Zerrüttung, verliert das DTG immer mehr an Bedeutung, bis es schließlich ganz verschwindet. Das DTG ist eine Schutzmaßnahme der Wirtschaft in Zeiten der Währungsnot, wird aber diese Not zu groß, so versagt das Hilfsmittel.

Wenn einmal der Zerrüttung der deutschen Währung endgültig Einhalt geboten werden wird und sie, auf welchem Wege dies auch immer sei, die alte Festigkeit wiedererhält, so wird das Wirtschaftsleben zunächst einer Übergangszeit bedürfen, in der es zu der Währung wieder Vertrauen fassen, sich auf sie einstellen kann, die unter dem Schleier der unsicheren Währungsverhältnisse entstandenen Reibungsschwierigkeiten beseitigen, wieder mit dem Pfennig rechnen lernen muß. Dann müssen und werden die gesetzlichen Einschränkungen des Devisengeschäftes fallen. Aber noch auf lange Jahre hinaus wird in vielen Staaten an eine reine Goldwährung mit unbeschränkter Einlösbarkeit der Noten nicht zu denken sein, und damit werden die Kursschwankungen der verschiedenen Währungen bei noch so sorgsamer Währungspolitik der einzelnen Staaten ein Vielfaches der vor dem Kriege gewohnten Spannungen betragen. Dann aber wird der Kaufmann das DTG zur Sicherung seiner Warengeschäfte wieder bedürfen, dann wird der zwischenstaatliche Kreditverkehr wieder in Gang kommen und sich des DTG zur Vermeidung von Kursverlusten aus ausländischen Forderungen und Schulden bedienen; der Bankier wird das DTG in Anspruch nehmen, um seine Devisenbestände zu sichern und mit Hilfe der Arbitrage örtliche und zeitliche Spannungen am Markte zu mildern.

Hoffen wir, daß diese neue Blütezeit des DTG bald heraufziehen möge!

**Finanzen, Defizit und Notenpresse 1914—1922.** Reich, Preußen, Bayern, Sachsen, Württemberg. Von Dr. **A. Jessen.** Mit einem Vorwort von Preuß. Staats- und Finanzminister a. D. Saemisch. (VII und 65 Seiten.) 1923.
4 Goldmark / 0.95 Dollar

---

**Die deutsche Finanzwirrnis.** Tatsachen und Auswege. Von Dr. **Arnd Jessen.** Mit 7 Tabellen. (II und 76 Seiten.) 1924. 2.40 Goldmark / 0.60 Dollar

---

**Die volkswirtschaftliche Bilanz und eine neue Theorie der Wechselkurse. Die Theorie der reinen Papierwährung.** Von **Edmund Herzfelder.** Mit 10 Textfiguren. (XVI und 487 Seiten.) 1919.
16 Goldmark; gebunden 18 Goldmark / 3.85 Dollar; gebunden 4.30 Dollar

---

**Die Deckung der Valutarisiken im Warenhandel und die Buchführung über Valutatransaktionen mit einem Beispiel aus dem Überseehandel.** Von **Paul Ostertag.** Mit etwa 7 Textabbildungen.
Erscheint im Sommer 1924

---

**Goldmarkeröffnungsbilanz und Technik der Goldmarkbuchführung.** Auf Grund der amtlichen Verordnungen (einschließlich sämtlicher Durchführungsbestimmungen vom 28. März 1924) mit Beispielen für die Praxis dargestellt. Von Dr. **Gustav Müller,** Handelshochschul-Diplominhaber, seit 1907 von der Handelskammer zu Magdeburg und für den Landgerichtsbezirk Magdeburg eidlich verpflichteter Büchersachverständiger und Gutachter. (58 Seiten.) 1924. 2 Goldmark / 0.50 Dollar

---

**Die Umstellung auf Gold in der Selbstkosten- und Preisberechnung und in der Bilanzierung** (Goldrechnung und Goldbilanz). Von **Otto Schulz-Mehrin,** Ingenieur. Mit 3 Abbildungen im Text. (VI u. 97 Seiten.) 1924. 2.40 Goldmark / 0.60 Dollar

---

**Erträgnisse deutscher Aktiengesellschaften vor und nach dem Kriege.** Mit Überblick über die neueste Entwicklung. Von Dr. jur. et phil. Frhr. **Otto von Mering,** Privatdozent an der Handelshochschule Berlin. (V und 149 Seiten.) 1923. 5 Goldmark / 1.20 Dollar

---

**Der Aufbau der Eisen- und eisenverarbeitenden Industrie-Konzerne Deutschlands.** Ursachen, Formen und Wirkungen des Zusammenschlusses unter besonderer Berücksichtigung der Maschinen-Industrie. Von Dr.-Ing. **Arnold Troß.** (VIII und 221 Seiten.) 1923. 8 Goldmark / 1.95 Dollar

---

**Zur Reform der Industriekartelle.** Kritische Studien. Von Dr. **S. Tschierschky.** (VI und 96 Seiten.) 1921. 2.50 Goldmark / 0.60 Dollar

GPSR Compliance

*The European Union's (EU) General Product Safety Regulation (GPSR) is a set of rules that requires consumer products to be safe and our obligations to ensure this.*

*If you have any concerns about our products, you can contact us on ProductSafety@springernature.com*

In case Publisher is established outside the EU, the EU authorized representative is:

Springer Nature Customer Service Center GmbH
Europaplatz 3
69115 Heidelberg, Germany

**Batch number: 10844675**

Printed by Printforce, the Netherlands